EMPRESAS À PROVA DO TEMPO

CARLOS ALBERTO ARARIPE
Professor e Coordenador de cursos superiores na área de Gestão

PHATLIM SILVA TAVARES
Pesquisadora de Gestão nas Empresas Centenárias

EMPRESAS À PROVA DO TEMPO

ALTA BOOKS
GRUPO EDITORIAL
Rio de Janeiro, 2023

Empresas à Prova do Tempo

Copyright © 2023 STARLIN ALTA EDITORA E CONSULTORIA LTDA.

Copyright © 2023 Carlos Alberto Araripe e Phatlim Silva Tavares .

ISBN: 978-85-508-2107-8

Impresso no Brasil — 1ª Edição, 2023 — Edição revisada conforme o Acordo Ortográfico da Língua Portuguesa de 2009.

Dados Internacionais de Catalogação na Publicação (CIP) de acordo com ISBD

A662e   Araripe, Carlos Alberto

Empresas à Prova do Tempo: o que as empresas centenárias brasileiras têm para nos ensinar? / Carlos Alberto Araripe, Phatlim Silva Tavares. - Rio de Janeiro : Alta Books, 2023.
240 p. ; 15,7cm x 23cm.

Inclui bibliografia e índice.
ISBN: 978-85-508-2107-8

1. Administração de empresas. I. Tavares, Phatlim Silva. II. Título.

             CDD 658
2023-1515   CDU 65

Elaborado por Vagner Rodolfo da Silva - CRB-8/9410

Índice para catálogo sistemático:
1. Administração de empresas 658
2. Administração de empresas 65

Grupo Editorial Alta Books

Produção Editorial: Grupo Editorial Alta Books
Diretor Editorial: Anderson Vieira
Editor da Obra: Rosana Arruda
Vendas Governamentais: Cristiane Mutüs
Gerência Comercial: Claudio Lima
Gerência Marketing: Andréa Guatiello

Assistente Editorial: Ana Clara Tambasco
Revisão: Caroline Guglielmi; Fernanda Lutfi
Diagramação: Joyce Matos
Capa: Beatriz Frohe

ALTA BOOKS
GRUPO EDITORIAL

Rua Viúva Cláudio, 291 — Bairro Industrial do Jacaré
CEP: 20.970-031 — Rio de Janeiro (RJ)
Tels.: (21) 3278-8069 / 3278-8419
www.altabooks.com.br — altabooks@altabooks.com.br
Ouvidoria: ouvidoria@altabooks.com.br

Editora
afiliada à:

Dedicatória

Aos nossos amigos que sempre nos incentivaram.

E, em especial, às nossas famílias que sempre acreditaram e que, apesar de tudo, jamais desistiram de nós!

Agradecimentos

Ao longo de quinze anos de pesquisa, a tendência é esquecer-se de detalhes e de pessoas que, furtivamente, participaram de nossa trajetória na garimpagem de dados relevantes sobre empresas centenárias. Aliás, na gênese deste projeto, muitas empresas que ora estão listadas como centenárias ainda tinham pelo menos dez anos pela frente.

Em termos formais, a pesquisa começou na Strong de Santos, num projeto de Iniciação Científica vinculado ao bacharelado em Administração — com um grupo de estudantes muito competentes cujos nomes, porém, não me recordo para dar os créditos — lá pelos idos de 2012. Logo, **o primeiro** agradecimento vai para a direção dessa notável escola de gestão que forneceu os recursos necessários para o pontapé inicial da pesquisa.

Num segundo momento, a pesquisa foi ampliada pela ação da professora Cleide Araripe, em suas aulas no Centro Universitário Módulo de Caraguatatuba, onde, por meio de seus esforços pessoais e do auxílio de estudantes da área de gestão, conseguiu ampliar muito a lista das centenárias brasileiras, o que confere a ela **o segundo** e especial agradecimento.

Todavia, a pesquisa apenas ganhou corpo e consistência a partir da atuação da Phatlim como bolsista em 2018 no Instituto Federal de Educação, Ciência e Tecnologia de São Paulo (IF-SP) de Sorocaba, fazendo com que aquilo que parecia ser um movimento especulatório sobre a história das empresas brasileiras se tornasse algo palpável e passível de registro e renovação. A ela, coautora desta obra, confere-se **o terceiro** agradecimento — não menos especial que os anteriores.

Mas escrever um livro transcende o sonho de fazê-lo e esconde os desafios do caminho, muitas vezes aparentemente intransponíveis! E, para que a caminhada não fique pelo meio, surge a figura da editora, no nosso caso, Rosana Silva, para quem vai **o quarto** agradecimento, pela oportunidade de publicar este singelo material, que efetivamente não foi fácil de se materializar em palavras — e que apenas foi possível graças à sua tenaz e sutil forma de cobrança!

O **quinto** e derradeiro agradecimento, do fundo das nossas almas e dos nossos corações, dirige-se ao Ser Eterno e Supremo: Deus, que nos deu muita força e paciência para concluir esta obra.

Prefácio

O Brasil está aqui. Há várias maneiras de conhecer o nosso país, e aqui está uma. Carlos Alberto Araripe e Phatlim Silva Tavares tiveram a inciativa de nos apresentar o retrato do Brasil com a cara das empresas que conseguiram superar a barreira de um século de existência. É um Brasil construído por gente daqui e de outras terras. Gente que, na dedicação de realizar seus sonhos, construiu uma história pessoal — da sua família e do país.

O estilo dos autores é simples e claro; a fundamentação bibliográfica é ampla e acessível para quem quiser consultar. O conteúdo interessa aos estudantes de aspectos organizacionais, tais como planejamento, gestão estratégica, sucessão, fusão; e aos professores como rica fonte para estudos de caso. O livro revela-se como um indispensável auxílio aos empresários na reflexão sobre em que ponto estão seus empreendimentos quanto ao ciclo de vida das suas organizações.

Caracterizando-se como uma leitura de alto nível de conforto e ampla facilidade de entendimento, as páginas desta obra do Araripe e da Phatlim conduzem os leitores para um cenário histórico no qual se registram aspectos interessantes, como o fato de que quase 60% das empresas centenárias têm origem nas iniciativas europeias — de países como Alemanha, Itália e Portugal —, além de destacar que duas organizações brasileiras estão em atividade há mais de dois séculos, o Banco do Brasil e a Casa da Moeda!

A estrutura da vasta pesquisa fundamenta-se num questionário criado pelos autores e aplicado a quatro empresas centenárias a fim de entender os aspectos estratégicos levados em conta por elas e que lhes deram condições de vida longa. Esse ponto de partida foi composto por *conhecimento, contexto e estilo gerencial, pessoas, produtividade e tradição.*

Em cada capítulo do livro, os leitores são estimulados à leitura. No início, conta-se com *Neste capítulo você vai ler*; durante o capítulo, é fornecida uma oportunidade com a seção *Saiba mais*; e, ao final, vem o chamamento *Questões para refletir.*

No Capítulo 6, os autores colocam à disposição dos leitores um breve histórico de cada uma das empresas centenárias que foram pesquisadas, sendo elas brasileiras ou não — é nesse capítulo que está a listagem de 114 empresas que os autores identificaram com vida ativa superior a um século de atuação em nosso país.

Ao final, os autores apresentam suas considerações, abrangendo todo o conteúdo exposto e destacando alguns aspectos de importância para a longevidade das organizações pesquisadas.

Para mim, foi um agradável aprendizado realizar a leitura deste trabalho, que tenho a honra de apresentar.

Álvaro Pequeno, professor universitário
São Roque, maio de 2022

Breve resumo
sobre os autores

Carlos Alberto Araripe é doutor em Engenharia de Produção pela Universidade Metodista de Piracicaba (Unimep), mestre em Administração pela Pontifícia Universidade Católica de São Paulo (PUC-SP), especialista em Educação à Distância pela Universidade Federal Fluminense (UFF) e em Tecnologias da Educação pela Universidade Nove de Julho (Uninove). É bacharel em Administração pela Faculdade São Francisco (Fasp) e tecnólogo em Viticultura e Enologia pelo Instituto Federal de Educação, Ciência e Tecnologia de São Paulo (IF-SP) — Campus São Roque.

É pesquisador na área de gestão em temas como empresas centenárias, empreendedorismos sociais e impactos ambientais decorrentes das ações antrópicas. Nas áreas de viticultura e enologia, pesquisa os diferentes modelos de gestão da cadeia produtiva do vinho. Atua como professor nas áreas de gestão e enologia do IF-SP — Campus São Roque.

Phatlim Silva Tavares é tecnóloga em Gestão de Recursos Humanos pelo IF-SP — Campus Sorocaba, tem formação técnica em Administração pela mesma instituição e especialização técnica em Gestão de Projetos pela Escola Técnica Estadual (Etec) Fernando Prestes, de Sorocaba.

É pesquisadora na área de gestão, com foco em empresas centenárias, objeto de sua iniciação científica durante a graduação. Atua na área de administração de pessoas, dando suporte a inúmeras empresas na região de Sorocaba nos processos admissionais e rescisórios e nas folhas de pagamento.

Sumário

Introdução

Há uma extensa quantidade de empresas que se fecham repentinamente durante todos os anos, as quais possuem uma expectativa de vida muito abaixo do ideal. Estudos relacionados às Micro e Pequenas Empresas (MPEs) realizados pelo Serviço Brasileiro de Apoio às Micro e Pequenas Empresas (Sebrae) fundamentam que as causas para a baixa longevidade das pequenas e jovens organizações se dão pelo fato de que seus gestores deram início a um empreendimento por necessidade e, portanto, não adquiriram aptidões, não fizeram planejamentos e estudos, e não reuniram os recursos úteis — fornecedores, por exemplo — para se obter uma empresa de sucesso.

Além disso, o Brasil apresenta uma extrema rigidez para promover a abertura e a permanência de organizações em seu território, apresentando aos empresários a dificuldade para se obter financiamentos, longos prazos para abertura de um empreendimento, altos juros, impostos e leis trabalhistas, dentre muitas outras causas que desproporcionam o ímpeto para se abrir um negócio (MAXIMIANO, 2006, p. 6).

Todavia, embora não haja um grande número de informações sobre essa temática, há um representativo número de empresas que conseguiram romper as barreiras do tempo e atingiram a marca centenária. E esta é a grande motivação desta obra: apresentar ao público acadêmico e aos profissionais da área de gestão os empreendimentos que se instalaram no Brasil a no mínimo um século ou que foram fundados nos domínios brasileiros nesse mesmo espaço de tempo.

O grande questionamento que paira sobre o assunto é como essas empresas conseguiram sobreviver a todas as forças internas e externas, cenários desfavoráveis, oscilações econômicas e políticas, guerras e toda sorte de crises que se sucedem durante um século. Para tanto, além de levantar e caracterizar as empresas centenárias brasileiras, nossa pesquisa preocupou-se em identificar quais foram as estratégias e os elementos comuns que proporcionaram o sucesso dessas organizações, seja em seu processo de gestão, seja nas práticas que permitiram que elas se tornassem suscetíveis a suportar todas as mudanças nos ambientes interno e externo, possibilitando que seus anos de vida fossem prolongados (GEUS, 1999).

Segundo Adizes (1993), assim como todo organismo vivo, as organizações empresariais possuem um ciclo de vida marcado pelo nascimento, pelo desenvolvimento e pelo crescimento, sofrem patologias ao longo do processo, envelhecem e podem atingir a morte. Porém, diferentemente dos organismos dos mundos animal e vegetal, cuja existência se dá dentro de um espaço limitado de tempo, o ciclo de vida das empresas pode se perpetuar indefinidamente, dependendo da forma como sua saúde é tratada pela gestão e da capacidade de resiliência e adaptabilidade às mudanças históricas no panorama dos negócios.

Existe, por conseguinte, a inevitabilidade de se entender o motivo de muitas empresas no âmbito brasileiro sucumbirem, enquanto há várias outras organizações que puderam avançar e fixar suas forças, tornando-se símbolos de sucesso e de perpetuidade no país. Verificamos que o assunto não é recorrente na literatura de negócios no Brasil, não sendo encontrados artigos acadêmicos sobre o tema, assim como repositórios de informações sobre empresas dessa natureza. Isso dificultou o levantamento do quantitativo das empresas centenárias brasileiras, mas não nos impediu de levantar informações importantes sobre as organizações longevas do Brasil.

Esta obra principiou-se de uma pesquisa acadêmica primária sobre a temática. A pesquisa, por sua vez, partiu primeiramente de um levantamento de organizações utilizando-se de um critério minucioso contendo apenas empresas que se instalaram no Brasil ou que foram fundadas no país há pelo menos cem anos, independentemente do porte, do ramo de atividade e da região.

A partir do empecilho, para encontrar empresas brasileiras longevas e aprofundar-se em seus detalhes em busca de similaridades no seu processo de gestão, foram utilizadas fontes como as revistas *Exame*, *Valor Econômico*, *IstoÉ Dinheiro*, *Dinheiro Rural*; os jornais *O Globo*, *O Estado de São Paulo*, entre muitas outras colunas interessadas nesse conteúdo; bem como jornais digitais, blogs empresariais, linhas do tempo, relatórios anuais disponíveis nos websites das organizações e dados relevantes da central de sistemas CVM (Comissão de Valores Mobiliários), Bovespa (Bolsa de Valores de São Paulo) e sites de sindicatos patronais; além de descobertas fortuitas a partir da leitura de embalagens ou comerciais apontando a idade da empresa. Dessa forma, chegamos, por meio da pesquisa, a um quantitativo de 114 empresas brasileiras centenárias, excetuando-se clubes de futebol, que, caso fossem considerados, duplicariam esse número (talvez seja uma abordagem específica para o futuro).

Dessa amostra de 114 empresas centenárias brasileiras — multinacionais com unidades instaladas no Brasil ou organizações que nasceram no território brasileiro —, a região Sudeste é a que mais possui sedes de empresas centenárias, totalizando 64 empresas, sendo a cidade de São Paulo a que contém um maior número de sedes e matrizes empresariais das centenárias.

Grande parte das empresas centenárias pesquisadas, com a marca de **54,95%**, de alguma forma já se internacionalizaram, seja por meio de exportações, negócios com países vizinhos, feiras e exposições internacionais, implantação de fábricas ou formação de parcerias. Em segunda colocação estão as organizações centenárias que não tiveram contato internacional, sendo equivalentes a 26,12%. O percentual restante, 18,92%, não possui histórico de internacionalização ou tal informação é desconhecida.

Há uma maior quantidade de empresas centenárias com tempo de existência entre 106 e 110 anos, correspondendo a **19,8%** das 114 empresas pesquisadas. Apenas duas organizações atingiram mais de 200 anos, o que equivale a apenas **1,8%**, sendo elas: Banco do Brasil e Casa da Moeda. O Banco do Brasil possui economia mista, de capital aberto; a Casa da Moeda é uma empresa pública vinculada ao Ministério da Fazenda.

A taxa de sobrevivência das organizações centenárias na amostra passa a diminuir com o avançar dos anos de existência. Nota-se uma grande redução de organizações centenárias a partir dos seus 151 anos, cuja taxa de sobrevivência oscila entre 0 e 1,8% de organizações longevas na amostra da pesquisa. Sendo assim, apenas 9 das 114 empresas levantadas fazem parte do grupo que representa as mais antigas companhias.

Do total de organizações centenárias levantadas (114 empresas), 104 delas possuem como natureza jurídica a Sociedade Anônima (S.A.), sendo 70 optantes do capital fechado e 34 optantes do capital aberto; 8 têm como natureza jurídica a Sociedade Empresária Limitada; 1 tem como natureza jurídica a Associação Privada; e 1 das organizações é designada como Cooperativa. Conclui-se, portanto, que em sua maioria as organizações centenárias escolhem a Sociedade Anônima como natureza jurídica e concentram-se na escolha do capital fechado.

Comprovando a veracidade das teorias de Porras e Collins (1995) e de Geus (1999) acerca da maleabilidade das organizações longevas no que se refere às transformações necessárias de sobrevivência em um ambiente volátil — tendo, então, como uma das práticas de sobrevivência a capacidade de aproveitar momentos de crise entrando em novas áreas de negócios —, os dados da pesquisa demonstram que 41,3% (o equivalente a 47 companhias) das 114 organizações que compõem a amostra expandiram seu ramo de atividade e que 20,17% (referente a 23 companhias) mudaram totalmente de ramo, totalizando, dessa forma, 70 organizações centenárias (61,4%) que ampliaram ou modificaram-se totalmente diante das alterações ocorridas no ambiente. Em contraposição, houve 41 das organizações (36%) da amostra que não alteraram seu ramo de atividade e permanecem até a atualidade praticando a mesma atividade inicial; curiosamente, sendo as mais representativas as indústrias têxteis, correspondendo a 7 das organizações.

Tabela 1
Características das empresas centenárias

Tempo de atividade	Nº de empresas	Valor em porcentagem
100 a 105 anos	18	15,8
106 a 110 anos	23	19,4
111 a 115 anos	16	14,4
116 a 120 anos	11	9,7
121 a 125 anos	11	9,7
126 a 130 anos	10	8,8
131 a 135 anos	3	2,7
136 a 140 anos	4	3,5
141 a 145 anos	3	2,7
146 a 150 anos	6	5,3
151 a 155 anos	0	0
156 a 160 anos	2	1,8
161 a 165 anos	2	1,8
166 a 170 anos	0	0
171 a 175 anos	2	1,8
176 a 180 anos	0	0
181 a 185 anos	1	0,8

Tempo de atividade	Nº de empresas	Valor em porcentagem
186 a 190 anos	0	0
191 a 195 anos	0	0
196 a 200 anos	0	0
Mais de 200 anos	2	1,8
TOTAL	114	100

Atividade econômica	Nº de empresas	Valor em porcentagem
Indústria	67	59,6
Serviços	13	11,4
Comércio	34	29
TOTAL	114	100

Localização (sede)	Nº de empresas	Valor em porcentagem
Centro-oeste	1	0,8
Nordeste	4	3,5
Norte	0	0
Sudeste	67	58
Sul	39	34,2
Desconhecido	4	3,5
TOTAL	114	100

Natureza jurídica	Nº de empresas	Valor em porcentagem
Sociedade Limitada	8	7,08
Sociedade Anônima	104	91,32
Associação Privada	1	0,8
Cooperativa	1	0,8
TOTAL	114	100

Mudança de ramo de atividade ou ampliação	Nº de empresas	Valor em porcentagem
Ampliaram o ramo de atuação	48	42,34
Permaneceram no mesmo ramo	43	36,94
Mudaram totalmente de ramo	23	20,72
TOTAL	114	100

Origem dos fundadores	Nº de empresas	Valor em porcentagem
Itália	26	23,42
Brasil	21	18,92
Portugal	21	18,02
Alemanha	18	15,32
Outros	28	24,32
TOTAL	114	100

FONTE: BASEADO EM DADOS DA PESQUISA.

Os dados mostram que, apesar do universo de empresas centenárias no Brasil não ser tão extenso, o seu conjunto é bastante eclético, seja na abrangência da atividade econômica, na diversidade de natureza jurídica ou na representatividade nacional de seus fundadores. Dessa forma, encontramos portugueses na Votorantim e na Lusitana transportes, italianos na Bebidas Cini e na Casa Falci, alemães na Hering e na Gerdau, sírios na Casa da Bóia, entre outras nacionalidades que arriscaram empreender no Brasil de antanho. Além, naturalmente, dos nossos heróis tupiniquins que desbravaram o mercado de um século ou mais, para erigir monumentos como Ypióca, Tramontina, Salton, Cataguases, Vinagre Castelo e tantos outros mais.

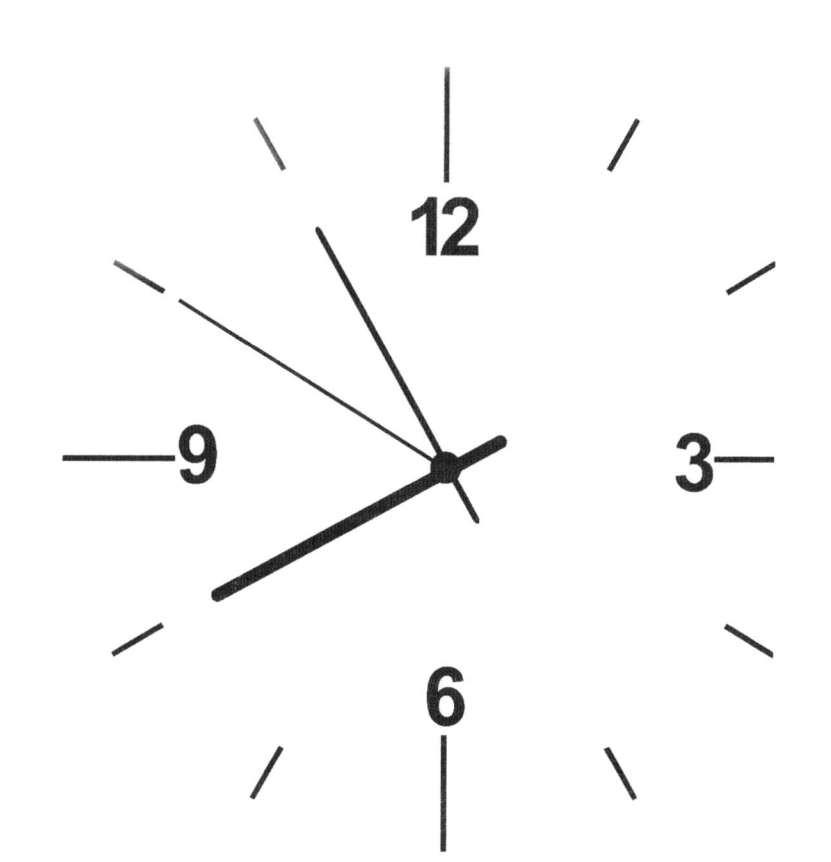

Fatores que interferem na longevidade das empresas

Neste capítulo, você vai ver:

Fatos relacionados ao comportamento empresarial, às atitudes do empresário, e aos ambientes externo e interno, que afetam a prolongação da vida das empresas no âmbito brasileiro.

O que esperar ao final deste conteúdo?

Identificar as circunstâncias que levam empresas ao fracasso e encontrar elementos que possam retirar a empresa da ameaça de insucesso.

O ser humano possui ciclos de vida. Tem seu nascimento, juventude, vida adulta, alcance de conquistas pessoais, envelhecimento, e surgimento de patologias, até atingir a morte. A expectativa de vida humana pode variar de acordo com o país em que o sujeito se situa, seus costumes locais e individuais, bem como seu estilo de vida e seu círculo social, sendo esses alguns dos fatores que interferem diretamente na longevidade. Por sorte, há constantes pesquisas para o desenvolvimento de soluções que viabilizem o aumento na vida média dos indivíduos. E por que não haveria também para as empresas?

Há estudos que apontam que as organizações possuem ciclos de vida semelhantes aos dos seres humanos (ADIZES, 1993; CHIAVENATO, 2014b; GEUS, 1999). E, portanto, possuem estágios similares de desenvolvimento ao longo de sua existência. Da mesma forma que há considerações acerca do prolongamento de vida do ser humano, há também os interessados em conhecer os fatores que podem estender a expectativa de vida organizacional.

O número de empreendimentos centenários bem-sucedidos no Brasil ainda não foi consideravelmente notado. Estamos falando de organizações de grande porte, mas também de pequenas companhias duráveis. As empresas em estudo são as que surgiram no país ou que se instalaram no território brasileiro há mais de um século e perduram até os dias atuais. São organizações que, desde o princípio, suportaram eventos relevantes como guerras, quedas na bolsa, legislação e numerosas crises; presenciaram cenários diversos e peculiares que as permeou no decorrer do tempo. E, normalmente, condições básicas como a região em que se situa, a cultura que está ao redor e o relacionamento com o público interferem diretamente na capacidade de sobrevivência da organização.

Essas organizações que existem por mais de um século são aquelas que em determinado estágio da sua existência passaram a investigar métodos para ultrapassar as barreiras temporais. Adizes (1993, p. 133) afirma que as organizações não agem de forma indiferente ou displicente às alterações do ambiente, mas sim reagem a ele incessantemente a fim de não sucumbirem às transformações.

Os estudos nacionais disponíveis, em sua maioria, são relacionados à mortalidade das Micro e Pequenas Empresas (MPEs), mas são poucos aqueles direcionados às empresas que foram fundadas no Brasil ou se instalaram no país há cem anos ou mais. Por isso, coube a esta obra desmistificar e explorar os fatores que condicionaram a perenidade dessas organizações centenárias.

As organizações centenárias brasileiras são de grande importância para estudos. Sua longevidade certamente é causada por fatores que elas conseguiram enraizar ao longo de sua existência, e, como base para esta pesquisa, tem-se como hipótese que a expressiva sobrevivência das organizações centenárias brasileiras é pouco visada. Logo, há mínimos estudos voltados ao descobrimento das causas da perenidade dessas companhias. Com isso, surge o problema da pesquisa: o que as empresas centenárias têm para nos ensinar?

Diante desses fatores, torna-se evidente que todas as respostas não serão encontradas apenas em uma pesquisa, sendo esta mais uma das iniciativas de promover o maior interesse pelas peculiares práticas organizacionais de empresas longevas de sucesso e, assim, fomentar o aumento nos estudos sobre a temática, como se dá internacionalmente.

1.1. Primeiro fator que interfere na longevidade das organizações: fatores gerais

Há uma quantidade representativa de empresas que não ultrapassam os dois primeiros anos de sobrevivência. Entretanto, segundo estudos do Serviço de Apoio às Micro e Pequenas Empresas (Sebrae), entre os anos de 2008 até 2014 houve uma queda na mortalidade das organizações brasileiras, totalizando 76,6% de empresas sobreviventes para 23,4% de empresas que faliram (SEBRAE, 2016, p. 16-17).

Naquele período, o cenário no Brasil apresentava: "Expansão do PIB; queda do desemprego; queda dos juros; expansão do Rendimento Médio; melhora do ambiente legal: criação da Lei Geral (2006), Simples Nacional (2007), Criação do MEI (2008/09)" (SEBRAE, 2016). Por conta de um cenário favorável, muitas empresas puderam se desenvolver, porém o que se pode destacar nos empreendimentos-foco deste livro é que eles suportaram cenários extremamente prejudiciais, experimentaram situações ímpares e, de uma forma excepcional, permaneceram estáveis.

Dados do Sebrae (2016) apontam as complicações que as empresas enfrentam no primeiro ano de existência e que podem conduzi-las ao insucesso, sendo as mais relevantes:

- ◆ Falta de clientes.
- ◆ Pouco capital investido.
- ◆ Falta de conhecimentos gerenciais do empresário.
- ◆ Abertura do negócio exclusivamente por necessidade financeira, como desemprego.

- Falta de planejamento em relação aos contatos com fornecedores e dificuldades em obter empréstimos bancários.

- Escassez de capacitação em gestão, considerando que muitos empresários nesta análise não buscaram aprofundar-se em estudos dos negócios.

- Gestão financeira ineficiente.

1.2. Segundo fator que interfere na longevidade das organizações: pensar como um concorrente estrangeiro

Estamos diante de uma vasta quantidade de obras voltadas ao estudo de empresas bem-sucedidas internacionais, sendo bem perceptíveis as produções norte-americanas (MENDONÇA, 2000), mas tem-se como evidência a grande escassez de relatos e de considerações sobre empresas nacionais de sucesso — e o Brasil tem uma apreciável quantia delas —, o que impede ou dificulta um maior aprofundamento da temática e estudos nessa importante área de gestão.

Para Bertero e Keinert (1994, p. 88-89), o Brasil é um reprodutor de ideias norte-americanas no que tange às hipóteses e às teorias que regem a análise organizacional das empresas. Isso se dá pela grande influência de autores internacionais, pelas formações acadêmicas de profissionais em administração provenientes de métodos do exterior, e pela frequente aparição e utilização de teorias vindas do território norte-americano. Dessa forma, a análise organizacional no Brasil trabalha frente a teorias herdadas de estudiosos da América do Norte, relacionadas ao comportamento, às atitudes e aos métodos que nem sempre podem ser factíveis à realidade brasileira.

Mendonça (2000, p. 1), de forma semelhante, cita que há uma grande variedade de literaturas sobre organizações, principalmente norte-americanas, que são utilizadas como parâmetro para estudos brasileiros. Todavia, conforme afirma o autor e confirmamos em conjunto, a realidade da América do Norte muito se difere do contexto do Brasil, não somente no que se refere à economia e à política, mas também à especialização e à qualificação da mão de obra; às condições trabalhistas movidas pela legislação brasileira; e principalmente à cultura, que estabelece comportamentos e atitudes facilmente demonstrados dentro das organizações. Cultura essa que não pode ser reproduzida naturalmente entre empresas com diferentes realidades territoriais e históricas. O autor, então, apresenta certa objeção à utilização frequente até mesmo de estudos de caso de organizações internacionais no ensino, quando poderia, com a mesma representatividade e importância, utilizar-se das organizações brasileiras para exemplificar situações empresariais.

1.3. Terceiro fator que interfere na longevidade das organizações: mais do mesmo

As empresas brasileiras estão passando por um processo de "superlotação" no que se refere aos ramos de atividade, de forma que o mercado se vê em constante competitividade. Um exemplo disso são as indústrias centenárias brasileiras do ramo têxtil, tais como a nordestina Companhia Valença, a Cedro e Cachoeira, a Hering, a Dohler, entre muitas outras, centenárias ou que ainda não atingiram esse patamar. Mas, embora tenhamos uma extensa variedade de empresas de sucesso atuantes em um mesmo ramo, o diferencial delas as faz permanecer na posição em que estão.

Segundo Drucker (2016, p. 28-29), nem todos os empresários são empreendedores. Não basta apenas abrir uma empresa; para ser empreendedora, a organização deve fazer algo de diferente das outras, ter uma característica especial que a distingue das demais. Essa característica especial não precisa, necessariamente, ser algo inimaginável; o principal dom dos empreendedores é que eles têm a capacidade de transformar o que já está estabelecido e mudar as ideias instauradas, criando uma versão melhorada a favor de sua empresa.

1.4. Quarto fator que interfere na longevidade das organizações: leis, regulamentos e políticas de incentivo ao empreendedorismo

Segundo Maximiano (2006, p. 6), a causa para a pouca duração dos empreendimentos no Brasil se dá por conta da falta de políticas públicas voltadas a facilitar a abertura de novas empresas, além da dificuldade para financiamentos de créditos, altos juros, impostos e leis trabalhistas, que são mais alguns fatores que inviabilizam tanto a abertura como a permanência de novos negócios no âmbito brasileiro.

No Brasil, há alguns incentivos fiscais e trabalhistas voltados aos pequenos empreendedores. Por exemplo, o Simples Nacional, que substitui o regime tributário das companhias enquadradas de forma que os impostos acabam por ser reduzidos. E, se considerada a redução de custos trabalhistas e desconsiderado o sucateamento da qualidade de vida do trabalhador, temos novos regimes de trabalho, como o trabalho intermitente, no qual o empregado passa a trabalhar em regime de convocação, de maneira que só prestará serviços para determinada empresa caso seja chamado para isso.

Com isso, não podemos simplesmente dizer que o Brasil é um lugar hostil para se abrir uma empresa, mas, se comparados os incentivos fiscais e trabalhistas versus os desafios advindos desse mesmo âmbito, torna-se quase que findada a parte motivadora para a constituição e a permanência de novas empresas nacionais. Assim, sem dúvidas, as empresas que permanecem e superam esse desafio, sendo de grande ou de pequeno porte, novatas ou centenárias, devem ser consideradas. As empresas centenárias não estão isentas dos adventos governamentais e não são poucas as que apresentam em alguma parte da sua existência recuperações judiciais — e algumas até falência.

1.5. Quinto fator que interfere na longevidade das organizações: lucratividade acima de tudo e de todos

A real finalidade de todo empreendimento é lucrar, não podemos negar isso. A rentabilidade é um dos seus principais modos de subsistência dos negócios e é uma das "métricas de sucesso empresarial" mais sustentadas, porém, em consequência de seus anseios, diversas organizações são sujeitas à falência por evidenciarem demasiadamente os lucros (ADIZES, 1993, p. 129). A falência não é desencadeada pelo desejo de lucratividade, mas sim pela cegueira causada por esse desejo, a qual impede o empreendedor de identificar e atender aos pequenos problemas e lacunas que vêm antes do lucro chegar.

Porras e Collins (1995, p. 23-24), em sua obra sobre empresas visionárias, afirmam que as organizações bem-sucedidas não possuem como objetivo principal os lucros. Isso não significa que elas não buscam rentabilidade — buscam, sim, os lucros —, porém não permitem que se tornem o objetivo central do empreendimento, e sim apenas um dos objetivos que anseiam alcançar.

Arie de Geus (1999) apresenta uma proposta diferenciada do conceito de organização que pode mudar a forma como as pessoas veem uma empresa. Comumente, a definição de empresa está associada à produção de bens e serviços e à busca por maximização dos lucros (ADIZES, 1993; PORRAS; COLLINS, 1995), todavia Geus (1999) procura abordar a empresa como um mecanismo vivo que existe não para o lucro — estando esse em segundo plano —, mas para sua evolução e desenvolvimento a longo prazo e para seu crescimento "pessoal".

As organizações possuem métodos para avaliar seu desempenho, seu desenvolvimento e seu sucesso. Usualmente, os métodos utilizados se relacionam ao rendimento da organização. Logo, para Maximiano (2006, p. 11), a principal medida de sucesso organizacional é o desempenho financeiro, que depende de uma cadeia de fatores, envolvendo a satisfação dos clientes, sendo essa última dependente da qualidade dos produtos ou dos serviços oferecidos, necessitando, portanto, de pessoal capacitado para desempenhar suas atividades, culminando na necessidade de uma alta competência do empreendedor em gerenciar sua organização. Dessa forma, os lucros da organização são consequência de uma série de fatores e ações que ela proporcionou para obtê-los (MAXIMIANO, 2012, p. 14).

Em contrapartida, Geus (1999) afirma que a medida de sucesso empresarial não deve ser apenas financeira. Segundo o autor, para o público externo, demonstrações econômicas organizacionais podem ser representativas, no entanto, ao público interno da organização, essa medição de sucesso precisa estar diretamente relacionada ao dimensionamento e ao reconhecimento do desempenho e das habilidades humanas. Trata-se da relevância dada ao conhecimento humano na organização acima do desejo de dominação por capital.

Conforme afirmam Porras e Collins (1995, p. 119), o objetivo organizacional "[...] é o conjunto de motivos fundamentais pelos quais a empresa existe além de ganhar dinheiro". Nesse sentido, os objetivos da empresa devem ser tudo aquilo que há de fundamental para a organização que não tenha ligação com a sua lucratividade. Sendo assim, o objetivo de um empreendimento deve orientar e inspirar os indivíduos que serão responsáveis por atingi-lo (PORRAS; COLLINS, 1995, p. 119).

Vianna (2002, p. 58) menciona os objetivos organizacionais e afirma que:

> Uma das mais importantes premissas de comportamento é a construção, alimentação, revigoramento contínuo de um conjunto de valores essenciais e engrandecedores que passam a estabelecer um modelo mental daquela empresa. Quer dizer, a maneira pela qual todos devem pensar.

A afirmação de Vianna (2002) faz compreender que, para uma organização atingir seus objetivos, é necessário estimular um modelo de pensamento organizacional, de modo que todos tenham o mesmo panorama acerca dos propósitos da empresa.

Dessa forma, por mais que seja nítido que a empresa precisa de pessoas para funcionar, ela não pode tornar-se dependente delas. Dito isso, ela deve estimular um propósito norteador para aplicar em suas políticas internas, garantindo assim seus objetivos — seja o lucro, seja a perpetuidade.

Segundo Geus (1999), o ambiente de negócios alternou seu foco principal, desenraizando a ideia de dominação por meio do capital e optando pela concepção de domínio por meio do conhecimento, sendo o último um mecanismo responsável por impulsionar a organização à frente de suas concorrentes. O conhecimento é tido como atual propulsor da economia, reconhecido como recurso escasso dentro das organizações e, portanto, de grande apreço.

Historicamente, a economia transitou por diversos rumos de interesse, partindo primeiramente da valorização pelas terras, sendo que aqueles que tinham posse sobre elas dominavam também a criação de riquezas; a dominação pelo capital, que sobreveio após a diminuição do interesse por posses de terras, sendo agora o conquistador de capitais — fator limitado até aquele momento — e o criador de riquezas; e, por último, o interesse pelo domínio do conhecimento que ocorre por volta do século XX, em que o capital se encontra em abundância, logo, sua concorrência é baixa. O conhecimento humano torna-se, então, um diferencial contemporâneo para as empresas e também um fator crítico para a economia e a produção (GEUS, 1999, p. 3-5).

Como assegura Ichak Adizes (1993), o motivo das organizações fracassarem se dá por conta da ambição por dinheiro, que se salienta sobre o principal desígnio de um empreendimento. "Toda organização deve ter um motivo para existir [...], um enfoque que polariza a interdependência de seus membros" (ADIZES, 1993, p. 128). Todavia, muitas dessas empresas são sujeitas à falência por seus gestores permitirem que os lucros sobressaiam à própria existência da organização (ADIZES, 1993, p. 129). A razão da empresa deve ser satisfazer às necessidades de seus clientes. O lucro, portanto, é apenas uma das medidas de desempenho da eficácia e eficiência de um empreendimento (ADIZES, 1993, p. 131).

De acordo com Vianna (2002, p. 58):

> *Não se entende uma organização como um monte de gente querendo maximizar lucro a curto prazo. Entende-se a empresa como tendo a missão de agregar valor ao Universo e à Humanidade, cumprindo suas metas financeiras e econômicas.*

Empresas são criadas com o propósito de atender às necessidades da sociedade à sua volta. Segundo Maximiano (2012, p. 3), as organizações, independentemente de seu porte, não apenas geram lucros, mas também proporcionam benefícios à sociedade. Porém, para Geus (1999, p. XXIV-XXV), que afirma que um ser humano não tem como finalidade de sua existência trabalhar e possuir uma carreira, mas sim alcançar o sucesso e a prosperidade — que podem ser adquiridos por meio de trabalho e da sua carreira —, as organizações vivas também agem de forma análoga. Elas não têm como finalidade lucrar, mas sim sobreviver e ter sucesso a longo prazo.

Como consequência do desejo de longevidade, muitas organizações acabam se tornando mais conhecidas por sua marca do que pela empresa em si. Mas isso pode ser uma cilada ou uma vantagem competitiva da companhia, pois:

1. Há empresas que dão maior evidência para seus produtos do que para si mesmas, tornando-os mais conhecidos e relevantes do que a criadora da mercadoria que, consequentemente, corre o risco de não se desenvolver, tornando-se dependente de um produto ou de um serviço.

2. Por outro lado, há empresas, inclusive as centenárias, que são mais evidenciadas pela sua marca do que pela empresa fabricante, como a Alpargatas, que fabrica calçados da marca Havaianas e é mundialmente conhecida por ela; a Ypióca, uma marca de bebidas alcoólicas que foi vendida para o grupo Diageo, mas que segue sendo lembrada pelo público pelo seu tradicional nome; e a Lacta, que foi vendida para o grupo Mondelez, mas não perdeu sua essência e sua longevidade.

Sendo assim, é importante levar em consideração que os produtos podem se tornar defasados com o decorrer do tempo, todavia "uma empresa visionária não se torna necessariamente obsoleta, não se tiver a capacidade organizacional para mudar constantemente e evoluir além do ciclo de vida de produtos existentes" (PORRAS; COLLINS, 1995, p. 56).

Essas empresas centenárias que mencionamos brevemente, e outras organizações longevas, passaram pelo controle de outras empresas em algum período de sua existência ou podem estar passando por esse processo atualmente. Mas um detalhe relevante sobre elas é que há uma grande possibilidade dos seus consumidores sequer perceberem que a sua marca favorita já não pertence ao dono "A", e sim ao "B". Isso porque essas empresas possuem uma exímia capacidade de eternizar sua imagem e sua marca perante o público, de forma que seria extremamente inviável ao novo proprietário ou controlador acionário alterar alguma característica delas. Por isso, o público acaba por "não perceber" alguma alteração, a não ser que isso seja desejado.

1.6. Estatísticas e percepções perante as empresas centenárias

Notando esse representativo número de empresas que encerram seu funcionamento em um curto prazo de existência, passa a ser louvável a quantidade de organizações que ultrapassaram mais de dez décadas, tornando-se singulares, admiráveis e de grande interesse para obtenção de mais conhecimento sobre sua atividade. Dignas, portanto, de pesquisa e de análise.

Segundo dados do Instituto Brasileiro de Geografia e Estatística (IBGE), no ano de 2015, a média da idade das empresas no Brasil, de acordo com a Classificação Nacional de Atividades Econômicas (CNAE), é de 10,9 anos, sendo o setor de Administração Pública, Defesa e Seguridade Social o que mais sobrevive ao tempo, totalizando a média de idade de 17 anos; e o setor de Artes, Cultura, Esportes e Recreação com a menor média de idade, 8,2 anos.

Tabela 2
Setores empresariais e idade média das organizações no Brasil

Seções da classificação de atividades	Idade média das empresas
Agricultura, pecuária, produção florestal, pesca e aquicultura	11,8
Indústrias extrativas	15,4
Indústrias de transformação	12,9
Eletricidade e gás	9,1
Água, esgoto, atividades de gestão de resíduos e descontaminação	9,4
Construção	8,7
Comércio; reparação de veículos automotores e motocicletas	11,8
Transporte, armazenagem e correio	9,3
Alojamento e alimentação	10,7
Informação e comunicação	9,7
Atividades financeiras, de seguros e serviços relacionados	10,1
Atividades imobiliárias	10,7
Atividades profissionais, científicas e técnicas	9,5
Atividades administrativas e serviços complementares	9,0
Administração pública, defesa e seguridade social	17,0
Educação	10,3
Saúde humana e serviços sociais	9,9
Artes, cultura, esporte e recreação	8,2
Outras atividades de serviços	10,4
Organismos internacionais e outras instituições extraterritoriais	10,5

FONTE: ADAPTADO DO IBGE (2015).

As empresas que atingiram e ultrapassaram os cem anos de existência, ao longo de suas vidas, passaram por diversos contextos, transitaram por incontáveis mudanças e foram capazes de se autoconservar em todos esses momentos. A ação que elas tomaram foi *adaptar-se* ao ambiente repleto de alterações constantes. De acordo com Watson Jr. (1963, *apud* PORRAS; COLLINS, 1995, p. 125), "se uma organização desejar vencer os desafios de um mundo em constante transformação, ela tem que estar preparada para mudar tudo em si, exceto suas crenças [básicas]".

A Malwee é uma empresa-modelo para essa característica acima, pois foi fundada em 1906, atuou como um açougue e comércio de queijos e experimentou diversos estágios e ramos de atividades diferentes, até que, pouco mais de sessenta anos depois, veio se tornar a Malwee que conhecemos hoje: uma companhia têxtil fabricante de vestuário. Sem dúvidas, a empresa vivenciou toda sorte de desafios e oportunidades, assim como as outras organizações que também passaram por bons e maus episódios temporais. Mas o diferencial é o que a Malwee foi capaz de fazer para sobreviver, adaptando-se aos contextos, independentemente de quais fossem.

Geus (1999, p. 7) defende que "para enfrentar um mundo em constante mudança, qualquer entidade precisa desenvolver a capacidade de migrar e mudar, de desenvolver novas habilidades e atitudes: em resumo, a capacidade de aprender". Para o autor, a capacidade empresarial de aprender e reconhecer o momento adequado para ocorrerem determinadas mudanças fundamentais à organização é imprescindível para a adaptação desta ao ambiente em seu entorno.

As organizações não estão isoladas das intervenções ambientais, mas comunicam-se com o ambiente ao seu redor. Segundo Chiavenato (2014b, p. 23), "as organizações funcionam como sistemas abertos, ou seja, estão em contínua interação com o ambiente externo, com o qual fazem trocas e intercâmbios". Suas atitudes internas refletem drasticamente o ambiente externo, e o contrário também ocorre: o ambiente externo conduz a empresa de acordo com as tendências, podendo ser positivas ou negativas.

Considerando que Chiavenato (2005, p. 8) disse que "uma organização é uma entidade social composta de pessoas que trabalham juntas e deliberadamente estruturada e organizada para atingir um objetivo comum", podemos compreender que não somente o externo interfere nas organizações, mas também que as pessoas que atuam diretamente com as empresas têm grande influência sobre elas, podendo "implodir" a companhia ou alavancá-la. Pensando nisso, um empreendimento necessita de um envolvimento social harmonioso a fim de que os objetivos organizacionais sejam atingidos — e não somente isso, mas também para garantir que a organização tenha as melhores oportunidades mercadológicas diante do contexto empresarial no qual está inserida.

Para Sobral e Peci (2013), o conceito de organização possui duplo sentido. A princípio, é entendido como um grupo de pessoas que, em conjunto, agem para alcançar objetivos; em outro aspecto, se dá como uma das funções da administração, trazendo o sentido de função "responsável pela distribuição do trabalho, recursos e autoridade pelos membros da organização" (SOBRAL; PECI, 2013, p. 251). Ambas as colocações são afirmativas exatas no que diz respeito ao que realmente é uma empresa:

1. São formadas por pessoas e dependem delas para se desenvolver.

2. São orientadas por estruturas bem definidas ao longo de sua gestão.

A administração possui papel imprescindível para o bom desempenho organizacional. "O que leva uma organização rumo à excelência e ao sucesso não são apenas produtos, serviços, competências, recursos etc. É a maneira pela qual ela arranja tudo isso e como é administrada" (CHIAVENATO, 2014a, p. 5). Isso indica que o empreendedor deve posicionar em evidência a sua forma de administrar, sobrepondo os outros interesses, a fim de que haja sucesso em seu negócio.

Segundo Geus (1999, p. XXV), diante de um cenário altamente mutável e nebuloso, organizações que não são tratadas como prioridade pelos seus gestores, mas utilizadas como mecanismos geradores de lucros ou apenas fabricantes de produtos e serviços, tendem a sucumbir em meio ao processo de constante transformação.

A mercadoria produzida pode ser considerada como a contribuição do empreendimento para com os seus clientes. Isso indica que as empresas podem ter boas ideias e produtos conhecidos, apenas, como via de regra, não devem colocá-los à frente do negócio em si, garantindo que sempre se sobressaiam sobre os seus produtos (PORRAS; COLLINS, 1995, p. 56). Ademais, os autores destacam que as organizações visionárias geralmente entram em novas áreas de negócios.

Uma abordagem relevante à pesquisa é a tipologia de Adizes (1993), que discute sobre os ciclos de vida das organizações assemelhando-os ao ciclo de vida humano, pois são segmentados em fases como nascimento, crescimento e decadência, desde o seu planejamento para existência, sua plenitude, até seu declínio ao longo do tempo. São estes ciclos:

- **Namoro:** fase em que a empresa não passa de planos na cabeça do seu futuro fundador; tem-se muitas ideias mesmo antes da organização existir (p. 11).

- **Infância:** etapa em que a empresa nasce e possui uma única meta: dinheiro (p. 112); a organização fecha-se para novas ideias, visto que neste momento de abertura da empresa surgem problemas. Portanto, o foco é nos resultados, o que gera renda (p. 21).

- **Toca-toca:** fase na qual a organização já saiu dos momentos de dificuldade e torna-se eufórica para conquistar mais vitórias, visando sempre à quantidade de vendas do período (p. 112).

- **Adolescente:** tem seu foco em lucros e não somente nas vendas (p. 112).

- **Plenitude:** é o momento em que a organização consegue equilibrar todas as metas: vender e lucrar (p. 112); autocontrole e maleabilidade em relação à inovação; planeja e é capaz de seguir com o planejamento; criatividade (p. 61).

- **Estabilidade:** é o primeiro ciclo de envelhecimento da organização, em que há elevada confiança na segurança da organização no que tange à sua permanência no mercado; passa-se a diminuir as ideias em relação a mudanças e inovações, visto que as mudanças geravam conflitos (p. 67-69).

- **Aristocracia:** a empresa chega a um estágio em que possui dinheiro, mas há um baixo nível de inovações (falta de espírito empreendedor), muitas normas e formalidades, e implantação de sistemas de controle (p. 70).

◆ **Burocracia incipiente:** momento de batalha interna na organização, em que muitas coisas passam a sair do controle das mãos dos gerentes e passa-se a buscar um responsável e culpado pelos erros (p. 84-85).

◆ **Burocracia:** etapa em que a organização passa a não possuir mais um motivo para sua existência; detém de muitos sistemas, os quais são ineficientes e dificultam seu contato com os clientes; a empresa não possui mais controle sobre suas atividades (p. 87).

◆ **Morte:** momento em que se acaba o compromisso dos gestores com a organização (p. 93).

Note que os ciclos de vida das organizações são determinados de acordo com a necessidade existente em cada etapa da corporação, ou seja, em cada ciclo a empresa apresenta diferentes necessidades e novos objetivos, o que implica também a necessidade de aplicação de métodos originais para atingir os objetivos do ciclo presente. Todos os esforços da organização têm base no propósito de alcançar um novo ciclo.

Assim como no ciclo de vida humano, segundo Adizes (1993), as organizações passam por etapas de sua existência em que ocorrem empecilhos, todavia o desafio delas está em identificar os indícios patológicos da organização, ou seja, quando algo não está correto, dada a etapa em que está.

Da mesma maneira, Chiavenato (2014b, p. 23) afirma que "[...] as organizações não são estáticas nem inertes: elas têm vida própria; nascem, crescem, vivem e até morrem". Isso indica que as ações promovidas pelas organizações as tornam semelhantes aos organismos vivos e trazem consequências para ela — crescimento, vida ou morte.

Salama (1994) afirma que reconhecer a biografia da organização, isso é, compreender a sua abordagem histórica, facilita e enriquece estudos a respeito da análise organizacional. Com a análise biográfica da organização, é possível obter *insights* sobre seu desenvolvimento, desde o seu início até seu processo de crescimento. E tal fato proporciona melhores tomadas de decisão mediante as modificações no ambiente organizacional — como a ascensão de um ciclo de vida para o próximo.

O anseio de todas as organizações é atingir sua Plenitude (ADIZES, 1993). Isso porque, segundo Adizes (1993, p. 213), "uma organização plena pode estar voltada simultaneamente para o aumento das vendas e dos lucros, possuindo uma orientação de alto crescimento *e* de altos lucros". Portanto, significa que possui o controle e pode optar por duas possibilidades, não apenas o alto número de vendas ou o lucro. Uma organização em seu ciclo de Plenitude "sabe quando e por que relegar uma oportunidade. A organização possui talento e também disciplina. Possui visão, e também autocontrole. Está voltada para a quantidade, e também para a qualidade" (ADIZES, 1993, p. 213).

Ainda sobre a abrangência de oportunidades para empresas Plenas, há a abordagem semelhante de Porras e Collins (1995). Segundo os autores, as organizações visionárias não se limitam a inclinar-se somente para uma escolha, enquanto muitos empreendimentos pendem ao pensamento de haver apenas uma possibilidade a seguir. Para eles, essa imparcialidade é nomeada como:

> [...] tirania do OU — o ponto de vista racional que não aceita paradoxos, que não vive com duas forças ou ideias aparentemente contraditórias ao mesmo tempo. A "Tirania do OU" faz com que as pessoas acreditem que as coisas têm que ser da forma A OU B, mas não das duas (PORRAS; COLLINS, 1995, p. 74).

As organizações visionárias, ao contrário das outras, são ousadas, buscam maneiras de possuir duas alternativas em um mesmo momento. Isso é denominado "Genialidade do E" (PORRAS; COLLINS, 1995, p. 75), que significa que ela pode optar por determinada alternativa, mas que também é capaz de encontrar uma forma de obter a outra opção. Enquanto muitos empreendimentos padecem por necessitar dispensar uma alternativa, organizações visionárias buscam modos para obter as duas.

Muitas empresas sucumbem por direcionar-se apenas para a trajetória do lucro. Todavia, as organizações bem-sucedidas adotam para si valores qualitativos e não quantitativos. Segundo Adizes (1993, p. 112), as organizações que visam somente aos lucros deixam de contemplar a necessidade de clientes pela qualidade de seus produtos ou serviços, o que reflete diretamente nas vendas e, consequentemente, nos lucros. Ou seja, a cegueira causada pela ânsia dos lucros faz com que, paradoxalmente, as organizações deixem de possuir uma boa lucratividade.

Empresas que chegam ao seu ciclo de Plenitude — momento no qual conseguem encontrar um ponto de equilíbrio (ADIZES, 1993, p. 112) — precisam se atentar para não provocar a sua estagnação, tendo em vista que muitas deixam de seguir em êxito por temerem as mudanças que podem ocorrer no processo e, por consequência disso, deixam de inovar e se desenvolver.

Embora seja o desejo das empresas atingir a Plenitude, há gestores que lidam com esse estágio de crescimento empresarial como o término na busca por liderança no mercado. Ou seja, ao atingir determinado nível, originam-se os mecanismos de defesa, criados com a intenção de impedir que a empresa perca seu espaço. Consequentemente, a organização passa a reprimir seus atos a fim de que permaneça no mesmo estágio, o que provoca sua estagnação. Todavia, há um desafio para o qual todo o empreendimento deve estar preparado. Esse desafio é a permanência no ciclo da Plenitude, caso contrário, tende a cair patologicamente no ciclo de vida. Sobre isso, Adizes (1993, p. 65) exemplifica e sustenta que:

> Se a organização Plena já estivesse no cume da montanha, só haveria um caminho a seguir: para baixo. A plenitude não significa que a organização chegou ao seu destino, mas que ela ainda está crescendo. É um processo, não um ponto-final.

Empreendimentos que almejam atingir e permanecer na Plenitude de seu controle no mercado devem continuamente disputar com a concorrência a fim de que o seu predomínio não se extinga. Não obstante, o que ocorre é que as organizações que chegam à Plenitude alcançam também um estágio no qual se inclinam ao pensamento de não precisarem mais competir e esperam que seus clientes se adaptem às necessidades dela, e não o oposto. Essa autossuficiência causa danos à própria empresa, em termos de sua criatividade e espírito empreendedor (ADIZES, 1993, p. 248-249).

Uma empresa perde seu espaço na Plenitude e passa a inclinar-se para ciclos nocivos à sua existência quando deixa sua capacidade de empreender, pois tal capacidade é a que fomenta a flexibilidade e a proatividade da organização em relação ao ambiente em que está inserida (ADIZES, 1993, p. 214).

Para Drucker (2016, p. 45), os empreendedores não podem repousar e se estagnar no pensamento de que, em algum momento, surgirão as ideias perfeitas e certeiras, mas devem seguir trabalhando em busca desse ideal. Pois, se não ocorrer dessa maneira, o destino desse dito empreendedor é o fracasso, tendo em vista que ele anseia por obter crescimento e inovação para seu negócio em um curto e improvável prazo de tempo.

Collins e Porras (1995), de forma semelhante, afirmam que muitas das grandes organizações da América do Norte iniciaram seus negócios sem possuir a "grande ideia", como a Hewlett & Packard (HP). "Bill Hewlett e Dave Packard decidiram primeiro abrir a empresa e *depois* resolver o que ela faria. Eles simplesmente começaram a trabalhar [...]" (COLLINS; PORRAS, 1995, p. 46).

Há diversos motivos para muitos empreendimentos não ultrapassarem certo prazo de existência, e um deles acontece por conta da dificuldade de gerenciamento. Segundo Adizes (1993, p. 32), "uma organização criança não tem como elaborar planos e estratégias a longo prazo", e isso se dá ao fato de que não há experiência para executar tarefas consideradas indispensáveis para o crescimento da empresa.

De acordo com o Sebrae (2016), as causas da mortalidade das organizações estão diretamente ligadas à falta de planejamento inicial do empresário; à falta de conhecimentos em negócios — capacitação e estudos; e à má gestão financeira e de produtos.

Uma organização criança — que ainda está em seu estágio inicial — é "gerenciada de crise a crise" (ADIZES, 1993, p. 31), ou seja, transita por múltiplos transtornos em consequência de sua desestruturação financeira, de sua falta de estratégias e de seu despreparo para tomadas de decisão. Adizes (1993, p. 31) ainda menciona que as organizações criança não possuem estruturação de organogramas, hierarquias definidas e títulos.

Para Sobral e Peci (2013, p. 4), os resultados positivos ou negativos de uma empresa dependem do desempenho de sua administração. De forma semelhante, Chiavenato (2014b, p. 27) afirma que "por trás das organizações bem-sucedidas está sempre uma administração eficaz". Com isso, entende-se que grande parcela do sucesso corporativo depende de uma gestão apta a atender às necessidades da organização.

De acordo com Adizes (1993, p. 33), "para uma organização crescer, a sua gerência também precisa crescer. Observe que crescer não significa haver mais da mesma coisa. Significa mudar". Nesse sentido, pode-se afirmar que a gerência de uma empresa é a responsável pelo progresso desta e, portanto, deve estar capacitada para promover tal desenvolvimento, evoluindo junto com as mudanças no ciclo de vida do empreendimento.

Adizes (1993, p. 255) destaca ainda a importância do estilo de liderança ideal para determinado ciclo da empresa. Segundo o autor, a liderança é responsável por posicionar a organização no ciclo de Plenitude e também é incumbida por mantê-la nessa colocação (ADIZES, 1993, p. 122). Cada ciclo de vida organizacional possui suas particularidades, e um estilo de liderança assertivo deve permitir e proporcionar o avanço da organização, propiciando, assim, o desenvolvimento da empresa e sua ascensão para o próximo ciclo; e assim por diante.

Muito embora seja preciso avançar o ciclo de vida, é necessário atentar-se a não provocar o envelhecimento da organização, isso é, provocar ações anormais e desfavoráveis para a empresa de modo que ela passe a regredir. "O que pode envelhecer uma organização — ou seja, fazer com que ela aja patologicamente e não normalmente — é uma liderança não funcional face às necessidades peculiares da posição que ocupa no ciclo de vida (ADIZES, 1993, p. 259). Nessa continuidade, uma liderança inadaptada diante das particularidades do ciclo de vida da organização gera falhas no empreendimento, agindo de forma nociva à existência do negócio.

Algo considerável que as organizações devem estar atentas é o episódio de dependência do fundador, momento em que estão com autonomia insuficiente para lidar com a falta do seu arquiteto. Segundo Vianna (2002, p. 58), há uma certa ligação entre o tempo de vida médio das empresas e a vida útil de seu fundador, ou seja, quando o fundador se afasta da administração da empresa, ela torna-se incapaz de progredir, e isso consequentemente gera a sua falência.

A dependência patológica do empreendimento pelo seu fundador, seu idealizador, é chamada por Adizes (1993, p. 8) de *"síndrome da cilada do fundador"*. É uma circunstância na qual todo o sucesso da organização advém da presença e da dominação do seu pioneiro e, sem ele, a organização tende ao fracasso e à morte. Ainda sobre isso, Adizes (1993, p. 8) afirma que esse fato "[...] geralmente ocorre no espaço de três gerações".

As organizações duradouras demandam independência. Devem ser autônomas e sua existência não pode se basear no trabalho de apenas um sujeito. Precisam estar emancipadas de qualquer indivíduo que pertença a elas e, ainda assim, continuar a se desenvolver a longo prazo (ADIZES, 1993, p. 134).

Ademais, as organizações de sucesso não tiveram temor de arriscar-se para atingir seus objetivos. Segundo Adizes (1993, p. 99), "não há ganhos nem vitórias a longo prazo se não se estiver disposto a assumir o risco de perder a curto prazo". As empresas possuem grandes planos para o futuro e o primeiro passo para alcançar o objetivo é comprometer-se a se arriscar, mesmo que sofra ameaças a curto prazo.

Analisando as obras de Porras e Collins (1995) e de Adizes (1993), pôde-se perceber que foram listados diversos fatores considerados nocivos à organização, mas Geus (1999, p. XIX, XX, XXI), em um estudo com propósito semelhante ao desta presente pesquisa, expõe estes quatro fatores em comum que as organizações longevas possuem e praticam:

- ◆ **São sensíveis ao ambiente:** o primeiro fator trata-se da harmonia entre a organização e o ambiente ao seu entorno. A organização está ciente de todas as alterações tecnológicas, culturais, sociais, econômicas e políticas à sua volta e, portanto, busca manter a sintonia entre essas transformações, possibilitando que obtenha vantagens em meio a momentos de transtornos e oscilações.

- ◆ **Possuem coesão e forte senso de identidade:** os funcionários da organização sentem-se parte essencial dela, ao passo que a empresa os trata da mesma forma. Há valorização do empregado em vista das promoções de cargos e reconhecimento deles como constituintes e responsáveis pelo desenvolvimento da organização.

- ◆ **São tolerantes:** essas empresas consideram as experiências e estão aptas a obter mais conhecimento acerca de propostas diferentes. Para o autor, o termo "tolerante", nesse caso, possui como sinônimo a palavra "descentralizada", para mencionar as organizações que buscam não controlar as propostas de diversidades em seu interior.

- ◆ **São conservadoras em suas finanças:** as organizações longevas reconhecem que possuem flexibilidade no que tange à sua lucratividade, todavia têm hábitos conservadores a respeito das suas finanças, como ter reservas de caixa e a consciência de que não devem arriscar seu capital em investimentos pouco relevantes.

Com todos os fatores que foram citados e os comportamentos que podemos perceber das empresas centenárias, é preciso compreender que não é apenas um ou outro fator interferindo na sobrevivência das empresas, são todos os fatores; e, em muitas situações, ao mesmo tempo. Por outro lado, as empresas que conseguem ultrapassar essas dificuldades elaboram e assumem uma série de atitudes e comportamentos para combater as interferências e os desafios que se aproximam delas. São essas as empresas que garantem maior probabilidade de sucesso diante de confrontos iminentes.

Questões para refletir:

1. Qual dos fatores prejudiciais citados neste capítulo você considera o mais relevante na interferência da longevidade organizacional? Por quê?

2. Com base na resposta à primeira pergunta, elabore uma ação para combater a interferência dos fatores sobre a longevidade das empresas.

3. Vimos anteriormente que as organizações Plenas (estáveis) conseguem obter lucro e garantir outros interesses, não sendo preciso optar por apenas uma das conquistas. Considerando os esforços da empresa para alcançar outros fatores além do lucro, você acha possível que a abordagem de uma pequena e jovem empresa deixe de ser voltada para o lucro? Se sim, por quê?

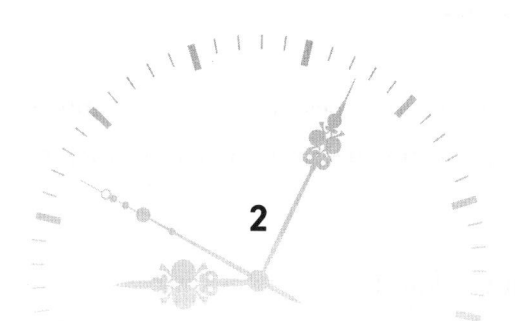

O panorama da longevidade empresarial no Brasil

Neste capítulo, você vai ver:

As estatísticas e uma síntese da realidade das organizações brasileiras, bem como o desafio das empresas centenárias atuantes no país.

O que esperar ao final deste conteúdo?

Identificar dados levantados das companhias centenárias atuantes no Brasil e saber utilizá-los estrategicamente a favor das novas companhias a serem constituídas.

Um empreendimento de sucesso conquista o apreço daqueles que estão conectados ao mundo empresarial, e a longevidade organizacional é um dos maiores propósitos das empresas existentes. O Brasil é um país rico em empresas duráveis nos diversos ramos de atuação, e o que vamos estudar a seguir é um agrupamento de características adquiridas por meio de pesquisas sobre as empresas centenárias, com base no cenário em que essas companhias vivas estão inseridas.

2.1. Questões iniciais

Seria possível comparar uma empresa com a vida de um ser humano? O que a idade de uma organização diz sobre ela? E as empresas brasileiras, o que elas têm para nos ensinar? Em que patamar se encontram as empresas longevas do Brasil?

Nós sabemos que todo o conceito de vida para os seres humanos é baseado substancialmente no nascimento, no desenvolvimento e na morte, e há quem acredite em conceitos mais abstratos sobre a vida como um todo, mas o que vamos falar aqui se trata de uma verdade um pouco mais concreta: a vida das empresas.

Para que uma empresa funcione, ela precisa de processos bem definidos, alguns sistemas operacionais e pessoas. Mas podemos confiadamente destacar que um desses fatores citados é mais imprescindível do que os outros: as pessoas. Um exemplo disso é o fato de que o papel do ser humano para as empresas começa bem antes da existência dela.

Para criar uma empresa, é preciso, primeiramente, que uma pessoa tenha o sonho de fundar um empreendimento, e, na maioria dos casos, essa pessoa que idealizou o sonho de criar uma empresa é quem a gerencia por muitos anos. Porém, se pensarmos nas empresas centenárias, muito provavelmente o seu fundador já não está mais entre nós, mas como é que a organização continuou funcionando mesmo após a morte do fundador? Percebemos então que a vida de uma empresa não depende apenas de uma única pessoa, contudo, depende de pessoas vivas, engajadas e preparadas para cumprir com seu propósito.

Neste capítulo vamos discutir sobre a longevidade das organizações do Brasil, a média do seu ciclo de vida e questões contextuais do nosso país. Vamos lá!

2.2. Estudo das empresas centenárias

O ser humano possui ciclos de vida. Tem seu nascimento, juventude, vida adulta, envelhecimento e surgimento de doenças, até atingir a morte. Estudiosos consideram a expectativa de vida humana — que varia de acordo com o país em que o sujeito se situa — e desenvolvem inúmeras pesquisas com o propósito de viabilizar o aumento na vida média desses indivíduos.

Há estudos que apontam que as organizações também possuem ciclos de vida semelhantemente aos dos seres humanos, conforme afirmações de diversos autores, dentre eles o professor Idalberto Chiavenato, o consultor de negócios Ichak Adizes e o executivo Arie de Geus. Seguindo essa ideia, é válido compreendermos que as organizações possuem estágios de desenvolvimento ao longo de sua existência e, da mesma forma em que há considerações acerca do prolongamento de vida do ser humano, há também os interessados em conhecer os fatores que podem estender a expectativa de vida organizacional.

Vale lembrar que, assim como em um contexto de vida humana, para as organizações, as questões geográficas, políticas e ambientais podem alterar suas características e seus métodos de sobrevivência no território. Logo, práticas aplicadas em grandes empresas internacionais podem não ser tão promissoras no âmbito brasileiro, quando se trata de contextos diferentes. Isso não significa que não podemos aprender com obras internacionais, mas indica que existem certos métodos que podem falhar se aplicados à realidade das companhias brasileiras.

Outra coisa para se perceber, pensando ainda na conjuntura organizacional, é que nenhuma empresa está isolada e limitada ao seu espaço físico ou ao seu espaço no mercado. A partir do momento em que se inicia um empreendimento, é preciso compreender também que a empresa estará exposta a todo sistema externo que a permeia, o que engloba muito mais do que as questões citadas acima. E pode apostar que esse sistema não é linear, às vezes não é lógico e nem mesmo contínuo.

No Brasil há centenas de empreendimentos que ultrapassaram um século de vida e se encontram ainda bem-sucedidos e em crescimento. As razões para o progressivo triunfo dessas organizações são quase desconhecidas e pouco estudadas no Brasil, mas uma coisa pode-se dizer: ao longo dos anos, essas empresas centenárias buscaram métodos para ultrapassar barreiras temporais, adaptaram-se aos diferentes contextos e ambientes a que foram submetidas e agiram dinamicamente aos contratempos e às obstruções que não lhes permitiam avançar.

Os estudos nacionais disponíveis, em sua maioria, são relacionados à mortalidade das Micro e Pequenas Empresas (MPEs), mas são poucos aqueles direcionados às empresas que foram fundadas no Brasil ou que se instalaram no país há cem anos ou mais. Por isso, queremos desmistificar e explorar os fatores que condicionaram a perenidade dessas organizações centenárias, bem como os aspectos que levaram muitas outras empresas a naufragar.

Diante de uma vasta quantidade de obras voltadas ao estudo de empresas internacionais bem-sucedidas, ainda tem-se como evidência a grande escassez de relatos e considerações sobre empresas nacionais de sucesso — e o Brasil tem uma apreciável quantia destas — o que impede ou dificulta um maior aprofundamento da temática e estudos nessa importante área para a gestão.

É inegável que as organizações brasileiras possuem fragilidades que organizações internacionais talvez não possuam, e o contrário também é verdade. E esse fato é determinado totalmente pelos contextos diferentes em que estão inseridas. Sob um panorama brasileiro, é possível perceber que no país se encontra uma vasta quantidade de empreendimentos abertos, em sua maioria, de pequeno porte, porém, mesmo com uma extensa proporção de empresas nascendo e se desenvolvendo, há também uma diversidade de empresas morrendo. O curioso é que, raramente se encontram relatos negativos a respeito do desenvolvimento de empresas centenárias, as quais aparentam estar solidificadas e em perfeito crescimento, mas é claro que elas também não estão livres do risco de falência.

Quando se pensa em organizações centenárias, a primeira coisa que vem à mente é o seu porte, o que faz-nos pensar também que elas são inatingíveis e que é quase impossível sofrerem o risco de decadência. Para muitos, as empresas de cem anos certamente possuem uma superestrutura e contam com uma vasta quantidade de funcionários colaborando para seu crescimento, porém, por meio dos estudos que veremos mais à frente, pôde-se observar que muitas organizações longevas não necessariamente são de grande porte, mas a maioria são empreendimentos ainda pequenos e que estão sob a gestão de familiares. Estamos falando de pequenos comércios, restaurantes, cafeterias, casas de armas, casas de couros, empresas de seguros e muitas outras. Nem todas as organizações longevas se desenvolveram de forma milionária, e isso pode se dar pelo seu ramo de atividade ou também pelo grau de investimento.

Podemos perceber a grande presença de organizações centenárias fortes e bem estruturadas, mas o que queremos anunciar é que existem inúmeros empreendimentos cujo porte não influenciou em nada a sua capacidade de sobrevivência, considerando ainda que todas essas empresas perenes, sendo grandes ou pequenas, vivenciaram os mesmos problemas econômicos, sociais, políticos e ambientais, talvez em número e grau diferentes, mas com intensidade representativa para ambas.

Muitas das empresas longevas que já estão há cem anos em território brasileiro têm histórico internacional, possuem unidades internacionais ou seus próprios fundadores são imigrantes vindos de diversos países ao redor do mundo, em prevalência vindos do continente europeu. Logo, o contexto de muitas empresas no Brasil é baseado em preceitos externos, resultantes de outros países. Todavia, muitas estratégias percebidas pelas empresas centenárias ao longo dos seus anos vividos no Brasil ostentam decisões baseadas no ambiente em que a empresa se situou, talvez deixando as estratégias internacionais em segundo plano.

É uma ideia audaciosa, mas, se as jovens empresas passarem a investigar e conseguirem identificar as melhores práticas de organizações mais longevas, é possível que passem a, também, ultrapassar os seus ínfimos e predeterminados anos de vida. Porém, a longevidade organizacional não pode ser resumida a uma detalhada e bem estruturada receita de bolos, na qual alguém compra os ingredientes descritos, prepara os equipamentos de uso, segue todo o modo de preparo e recebe, ao fim, um bolo perfeitamente produzido.

Os especialistas e até mesmo os amadores na produção de bolos sabem que a descrição perfeita de uma receita não garante o sucesso da massa ao final do preparo. O bolo pode ficar "solado", pode murchar ao sair do forno ou pode acabar queimado, sendo o esforço do confeiteiro totalmente desperdiçado. Mas uma coisa os apaixonados por bolo sabem muito bem: existem algumas técnicas e práticas infalíveis para a produção de um bolo perfeito que podem ser realizadas a fim de que a massa tenha uma melhor apresentação final, bem como existem hábitos que podem arruinar a produção do bolo. E é disso que se tratam também as melhores práticas das organizações centenárias. As empresas não vão permitir que sua estratégia (receita de bolo) seja totalmente detalhada e divulgada, mas acabam deixando algumas práticas de sucesso em evidência ao longo da conquista de resultados.

É preciso compreender que, mesmo que uma empresa de sucesso nos disponibilizasse toda sua estratégia de negócios, tais estratégias não seriam viáveis para todos os tipos de organizações, mas algumas atitudes e procedimentos executados podem ser universalmente utilizados por outras empresas, independentemente do porte ou do ramo de atuação. Por isso, as empresas centenárias selecionadas possuem uma dimensão de diferentes características, a fim de que todos consigam extrair alguma prática benéfica para o perfil determinado da sua empresa.

Logo, seguir receitas não garante o sucesso, pois existem empresas de toda sorte de perfil e características específicas, mas captar e aplicar algumas práticas, bem como deixar de lado alguns hábitos, pode ser o que faltava para que a empresa atinja o seu triunfo esperado. Peter Drucker já afirmou que nem todos que abrem empresas são, de fato, empreendedores. Para se abrir uma empresa empreendedora, é fundamental que esta possua alguma característica especial que a distinga das demais. Essa distinção não precisa ser necessariamente inovadora, mas precisa fazer com que a organização seja vista mesmo se o mercado em que ela atua estiver saturado.

A seguir, elencamos estatísticas de estudos brasileiros que apontam características geográficas e demográficas das companhias no Brasil. Essas características auxiliam na compreensão do contexto das organizações situadas no país e no entendimento do seu comportamento perante o mercado, assim como as preferências de localização e os ramos de atividade.

Somente analisando a esfera brasileira no ano de 2019, pôde-se identificar mais de 16 milhões de empreendimentos em funcionamento, sendo que mais de 8 milhões são de categoria MEI (Microempreendedor Individual) e mais de 5 milhões são de categoria ME (Microempresa). As empresas de médio a grande porte no território brasileiro são, em seu total, 1.312.094, localizadas em sua maioria nos estados de São Paulo e do Rio de Janeiro, atuando em sua grande parte no setor de serviços.

Gráfico 1
Número de empresas brasileiras por região

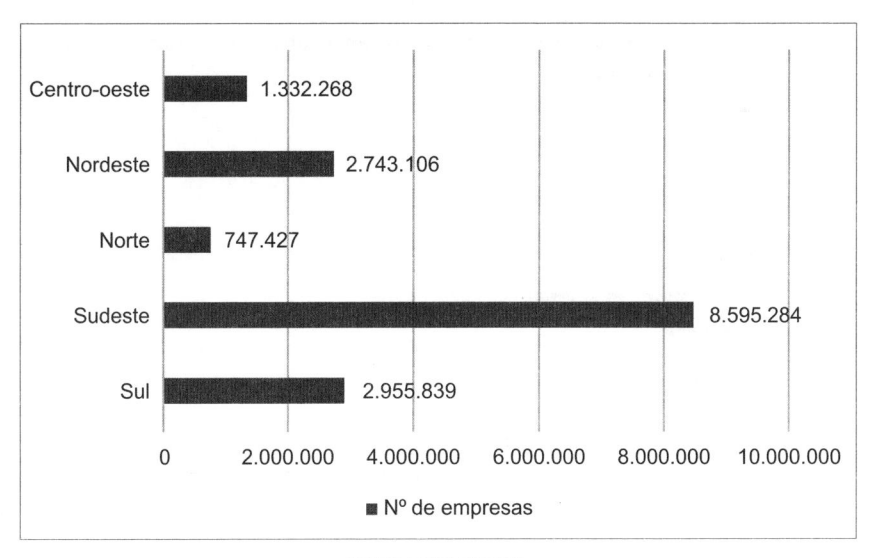

FONTE: DATA SEBRAE.

A maior concentração de empresas no Brasil se encontra na região Sudeste, composta pelos estados de São Paulo (5.004.335 empresas), Minas Gerais (1.707.952 empresas), Rio de Janeiro (1.526.044 empresas) e Espírito Santo (356.953 empresas). O estado de São Paulo centraliza a maior parte do Produto Interno Bruto (PIB) do país e constitui o maior índice populacional do Brasil (41.262.199 pessoas em 2010), segundo dados do censo do Índice Brasileiro de Geografia e Estatística (IBGE) em 2019.

Gráfico 2
Número de empresas por região, segmentadas por setor

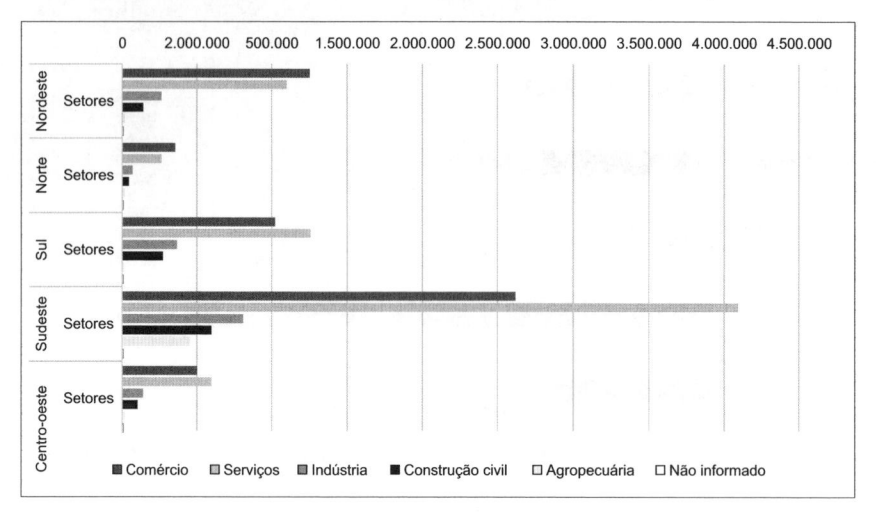

FONTE: DATA SEBRAE.

Com relação aos grandes setores, as empresas brasileiras atuam em grande parte nos setores comerciais e de serviços, sendo as regiões Norte e Nordeste as maiores atuantes comerciais no Brasil e as regiões Sul, Sudeste e Centro-oeste as maiores atuantes de prestação de serviços no país. Tratando-se de indústrias, o Brasil.

Embora exista uma vasta quantidade de organizações em pleno funcionamento no Brasil, ainda é grande a quantidade de empresas que sucumbem antes de devolver lucros sobre os investimentos dos seus criadores. A inexperiência e o despreparo para abrir um empreendimento podem ser fatores-chave para o fracasso. Não é por acaso que os estudos do Sebrae (2016) apontam que muitas empresas não ultrapassam nem ao menos os dois primeiros anos de vida. O interessante é que, entre os anos de 2008 e 2014, houve uma queda na mortalidade das organizações brasileiras, totalizando 76,6% de empresas sobreviventes para 23,4% de empresas que faliram.

Esse resultado se deu por conta do cenário daquele período no Brasil: "Expansão do PIB; queda do desemprego; queda dos juros; expansão do Rendimento Médio; expansão do S.M.; melhora do ambiente legal: Lei Geral (2006), Simples Nacional (2007), Criação do MEI (2008/09)" (SEBRAE, 2016). Por conta de um cenário favorável, empresas puderam se desenvolver, porém o que se pode destacar nos empreendimentos-foco deste livro — as empresas centenárias brasileiras — é que eles suportaram cenários extremamente prejudiciais e, de uma forma curiosa, permaneceram estáveis.

Dados do Sebrae (2016) apontam as complicações que as empresas enfrentam no primeiro ano de existência, sendo estas as mais relevantes:

- ◆ Falta de clientes, que representa 16%.

- ◆ Falta de capital, também com 16%.

- ◆ Falta de conhecimentos gerenciais do empresário, com 12%.

Outros fatores e argumentos citados pelo Sebrae (2016) que podem contribuir para a desventura de muitos negócios nacionais se dão por problemas pessoais do fundador/empresário, que comete erros ao abrir um negócio por necessidades, como emprego, por exemplo.

Pensando nas organizações longevas, podemos identificar ao longo da história delas que os seus fundadores também abriram essas empresas por necessidade, afinal não se abre uma empresa sem o desejo de suprir alguma necessidade ou conquistar algum objetivo. Inclusive, muitos dos fundadores das empresas centenárias eram imigrantes em busca de novas oportunidades, que chegaram ao Brasil sem uma estrutura financeira bem definida. Porém, o que precisamos destacar é que há um risco em abrir uma companhia apenas por algum desprovimento, devendo considerar antes da

Saiba mais a respeito dos estudos sobre mortalidade das empresas no Brasil em:

https://www.sebrae.com.br/sites/ PortalSebrae/ufs/sp/sebraeaz/ mortalidade-e-sobrevivencia-das-empresa s,d299794363447510VgnVCM1000004c 00210aRCRD

abertura de um empreendimento se as ferramentas que o empresário possui em mãos, tais como conhecimento na área de negócio, capital e estratégias de gestão, por exemplo, são o suficiente para abrir uma empresa. Caso contrário, tais falhas e precipitações tendem a conduzir uma organização ao insucesso.

Ainda segundo os estudos (SEBRAE, 2016), com relação à mortalidade das organizações, há fatores que podem arruinar um empreendimento, principalmente aquele que ainda se encontra em situação de aprendizagem e inexperiência, como:

◆ Falta de planejamento em relação ao contato com fornecedores.

◆ Dificuldades em obter empréstimos bancários.

◆ Escassez de capacitação por parte do empresário, que não buscou aprofundar-se em estudar o negócio de atuação e as condições de mercado.

◆ Desatualização dos produtos e serviços por falta de gestão.

Em se tratando de um contexto prejudicial, isso é, a circunstância nociva que dificulta o desenvolvimento dos empreendimentos, o

Brasil assume papel representativo porque existem grandes barreiras que impedem o desenvolvimento das jovens empresas. Esses impedimentos vão desde a quantidade exorbitante de juros e impostos sobre a compra e venda de mercadorias e fabricação de produtos até a falta de incentivos e as políticas públicas voltadas ao progresso dessas empresas.

Ao contemplarmos o representativo número de empresas que encerram seu funcionamento em um curto prazo de existência e os grandes obstáculos que impedem o crescimento das organizações, contrastando com a variedade de organizações em funcionamento espalhadas pelo país, é louvável a emblemática capacidade que as empresas centenárias possuem de progredir constantemente. O que torna essas organizações singulares, admiráveis e de grande interesse a se obter mais conhecimento sobre sua atividade, sendo dignas de pesquisa e análise.

2.2.1. Critérios de seleção das empresas centenárias

Uma pesquisa inicial foi realizada a fim de adquirir informações sobre as organizações centenárias instaladas no Brasil, mas, para conduzir essa averiguação de empresas longevas, foi preciso estabelecer critérios para nortear a seleção das organizações. A seguir, encontra-se o principal critério utilizado:

Quadro 1
Critério de seleção das empresas centenárias

Organizações que nasceram no Brasil ou se instalaram no território brasileiro há, pelo menos, um século, independentemente do seu porte, rentabilidade financeira, ramo de atividade econômica, estatais ou não, e que ainda estão atuando no mercado brasileiro.

FONTE: ELABORADO PELOS AUTORES.

Agora, vamos aprofundar melhor esse critério:

◆ **Nascidas no Brasil ou instaladas no território brasileiro há cem anos ou mais:** já são muito difundidos os estudos sobre organizações internacionais de sucesso e essas empresas são de grande admiração para os estudiosos, mas no Brasil não se vê pesquisas e estudos especializados em empresas centenárias brasileiras. Por isso, esta obra visa a entender e até enobrecer o trabalho das organizações que, independentemente de terem sido fundadas no Brasil ou terem sido alocadas como uma unidade internacional há, pelo menos, cem anos, estão subsistindo em um sucesso ímpar ao longo dos seus anos de vida.

◆ **Independentemente do seu porte, rentabilidade financeira e ramo de atividade:** como já foi mencionado no capítulo anterior e ainda será discutido em capítulos futuros, as organizações centenárias não necessariamente possuem faturamento e quantidade de funcionários de uma média ou grande empresa. Ser uma empresa de cem anos não imputa a necessidade de ser também uma empresa grande em termos de estrutura física, humana ou financeira, sendo isso comprovado por meio da pesquisa inicial que foi realizada por nós, os autores deste livro. Além disso, o ramo de atividade jamais poderia ser considerado um empecilho para a contagem de empresas centenárias, visto que muitas chegaram a modificar seu ramo de atividade conforme a necessidade do contexto.

◆ **Independentemente de serem estatais ou privadas:** algumas das empresas centenárias no Brasil são de origem estatal, mista, ou, como chamamos, pública — o que significa que são de posse do governo do país. A origem pública dessas empresas não impediu a sua contabilização na pesquisa, de forma que as consideramos como empresas que possuem histórias de sucesso e boas práticas, independentemente das suas prerrogativas financeiras, que certamente não são o único fator de sobrevivência empresarial.

◆ **Que ainda atuam no mercado:** selecionamos apenas as empresas longevas que ainda mantêm suas atividades econômicas, ou seja, sobrevivem até os dias atuais com o pleno exercício das suas funções.

A pesquisa das empresas longevas do Brasil começou a partir dos critérios estabelecidos anteriormente e, após isso, deu-se o início da análise. Imediatamente foi possível ao pesquisador perceber a escassez de conteúdos sobre empresas centenárias no Brasil, que não passam de reportagens de alguns jornais e revistas de algumas épocas atrás, sendo raras as pesquisas científicas ou as informações de órgãos competentes, como as associações comerciais e industriais. Mas, não depreciando o trabalho dos jornais e revistas — muito pelo contrário —, foi somente por meio desses canais que pudemos encontrar uma série de empresas centenárias, cada uma com uma particularidade diferente. Aliás, é isto que as torna especiais: sua individualidade. Se as empresas centenárias fossem tão somente um empreendimento que visa aos lucros, certamente não teriam perpetuado sua existência até os dias atuais, afinal, para ter um diferencial dentro de uma sociedade capitalista e saturada de empresas, dinheiro não é a chave.

Todas as organizações presentes no mundo existem para algum propósito, e, a fim de cumprir esse propósito, criam produtos ou serviços para seus consumidores. Acontece que, perante um mercado bastante abundante de empresas, qual seria o elemento que iria distingui-las umas das outras? Seu produto? Seu sucesso financeiro? Essas coisas são tangíveis e realmente importantes para os empreendimentos, mas não garantem a distinção entre as empresas, visto que muitas companhias podem estar, neste exato momento, "lutando" contra sua concorrência, que vende um produto exatamente igual ao delas.

Mas vamos pensar em termos de marketing: o que uma empresa faz para que o cliente compre dela e não do seu concorrente? Pode ter certeza de que aquilo que convenceu o consumidor a comprar na empresa A em vez da B não se trata de algo explícito, mas sim de algo incorpóreo, que possivelmente está firmado na forma de atendimento da empresa, em seu jeito de agir na sociedade e, muito provavelmente, está ligado aos seus valores organizacionais.

É da mesma maneira que podemos perceber as empresas centenárias. Elas só puderam subsistir ao longo dos anos porque seus clientes preferiram seus produtos e serviços e não os de seus concorrentes. Essas organizações foram assim selecionadas porque vivenciaram eventos relevantes como guerras, quedas financeiras e outras numerosas crises, presenciaram cenários diversos e peculiares que as permearam durante o decorrer do tempo, mas se encontram ainda em pleno funcionamento. Elas possuem algo intangível, maior que o valor financeiro, que as fez se desenvolver em meio a instabilidades.

Visto o panorama brasileiro no capítulo anterior, muitas organizações jovens tendem a não ter estrutura suficiente para suportar cenários conturbados e incertos, mas devemos nos atentar que, de forma proporcional e de acordo com as condições da época, as empresas centenárias também passaram por crises, que vão desde acontecimentos regionais, como greves de trabalhadores e golpes, como também episódios maiores, como o surgimento da Consolidação das Leis Trabalhistas e, bem depois, a Constituição Federal, altos índices de inflação e efeitos econômicos no país. Enfim, as empresas centenárias possuem muitas histórias de persistência e de resistência para nos contar, pois acumularam, ao longo dos longos anos de vida, garra e virtude para ultrapassar os velhos e os novos cenários nacionais e mundiais.

Saiba mais sobre os estudos da demografia das empresas do estado de São Paulo, segundo o IBGE:

https://cidades.ibge.gov.br/brasil/sp/ pesquisa/10063/60418

2.2.2. Empresas centenárias brasileiras por região e por área

Utilizando-se dos critérios estabelecidos para a pesquisa, obtemos uma amostra de 114 empresas que completaram 100 anos ou mais nos territórios brasileiros. Da amostra de companhias levantadas para a pesquisa, a região Sudeste é a que mais possui sedes de empresas centenárias, totalizando 66 empresas. A cidade de São Paulo é a que contém um maior número de sedes e matrizes empresariais das centenárias. Quanto às demais regiões, a área Sul do Brasil localiza-se em segundo lugar e não foram encontradas empresas da amostra na região Norte do país.

Tabela 3
Número de empresas centenárias do Brasil por região

Localização (sede)	Nº de empresas	Percentual
Centro-oeste	1	0,88%
Nordeste	4	3,51%
Norte	0	0,00%
Sudeste	66	57,89%
Sul	39	34,21%
Desconhecido	4	3,51%
TOTAL	114	100%

FONTE: ELABORADO PELOS AUTORES.

Há uma maior quantidade de empresas centenárias com tempo de existência entre 106 e 110 anos, correspondendo a 17,54% das 114 empresas pesquisadas, ou seja, existem, em sua maioria, empresas que acabaram de ingressar no célebre "tapete centenário" brasileiro. Enquanto isso, apenas duas organizações atingiram mais de 200 anos, o que equivale a apenas 1,75%, sendo elas: Banco do Brasil e Casa da Moeda. O Banco do Brasil possui economia mista e capital aberto; a Casa da Moeda é uma empresa pública vinculada ao Ministério da Fazenda. Esses fatores citados muito provavelmente influenciaram a sobrevivência dessas empresas bicentenárias no Brasil.

A taxa de sobrevivência das organizações centenárias na amostra passa a diminuir com o avançar dos anos de existência. Nota-se uma grande redução de organizações centenárias a partir dos seus 151 anos, cuja taxa de sobrevivência oscila entre 0 e 1,75% de organizações longevas na amostra da pesquisa. Sendo assim, apenas 9 das 114 empresas levantadas fazem parte do grupo que representa as mais antigas companhias brasileiras.

Tabela 4
Idade das empresas centenárias do Brasil

Tempo de atividade	Ponto médio	Nº de empresas	Valor em porcentagem
100 a 105 anos	102,5	21	18,42%
106 a 110 anos	108	20	17,54%
111 a 115 anos	113	16	14,04%
116 a 120 anos	118	11	9,65%
121 a 125 anos	123	11	9,65%
126 a 130 anos	128	10	8,77%
131 a 135 anos	133	3	2,63%
136 a 140 anos	138	4	3,51%
141 a 145 anos	143	3	2,63%
146 a 150 anos	148	6	5,26%
151 a 155 anos	153	0	0,00%
156 a 160 anos	158	2	1,75%
161 a 165 anos	163	2	1,75%
166 a 170 anos	168	0	0,00%
171 a 175 anos	173	2	1,75%
176 a 180 anos	178	0	0,00%
181 a 185 anos	183	1	0,88%
186 a 190 anos	188	0	0,00%
191 a 195 anos	193	0	0,00%
196 a 200 anos	198	0	0,00%
Mais de 200 anos	-	2	1,75%
TOTAL		**114**	**100%**

FONTE: ELABORADO PELOS AUTORES.

Do total de organizações centenárias levantadas, 102 delas possuem como natureza jurídica a Sociedade Anônima (S.A.), sendo

69 optantes do capital fechado e 33 do capital aberto; 10 das organizações listadas pela pesquisa possuem como Natureza Jurídica a Sociedade Empresária Limitada; 1 das organizações listadas possui como Natureza Jurídica a Associação Privada; 1 das organizações é designada como Cooperativa. Conclui-se, portanto, que, em sua maioria, as organizações centenárias optam pela Sociedade Anônima como Natureza Jurídica e concentram-se na escolha do capital fechado, ou seja, são mais reservadas quanto ao mercado de balcão e à bolsa de valores.

Tabela 5
Natureza jurídica das empresas centenárias do Brasil

Natureza Jurídica	Nº de empresas	Valor em %
Sociedade Limitada	10	8,7
Sociedade Anônima	102	89,5
Associação Privada	1	0,9
Cooperativa	1	0,9
TOTAL	**114**	**100**

FONTE: ELABORADO PELOS AUTORES.

Um fato singular das organizações centenárias brasileiras pesquisadas é que nem todas elas seguiram o mesmo ramo de atuação desde sua fundação até os dias atuais. Um exemplo audacioso disso é o Grupo Malwee, hoje uma grande indústria têxtil que teve suas atividades iniciadas em julho de 1906, nomeada a princípio como Firma Weege, cuja atividade principal era atuar como um açougue e comércio de queijos; ou também, quem não conhece os copos de vidro da Nadir? A Nadir Figueiredo, fundada em 1912, hoje é uma grande indústria de utensílios de vidro, porém desde seu ano de fundação até os dias atuais já desempenhou o papel de oficina para conserto de máquinas de escrever, fabricante de artigos de iluminação e até mesmo fabricante de munições para a Revolução Constitucionalista de 1932.

Figura 1
Empresas que ampliaram ou modificaram
seu ramo de atividade

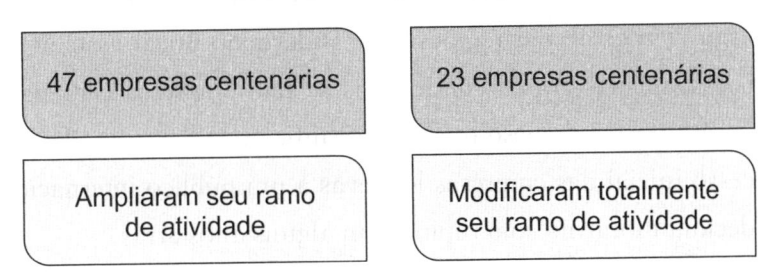

FONTE: ELABORADO PELOS AUTORES.

Um elemento proveitoso e que comprova que as organizações longevas do Brasil têm, sim, uma explicação plausível para estarem funcionando plenamente até os dias atuais está justamente nas atividades executadas pelas mesmas: de todas as organizações pesquisadas, 41,22% (o equivalente a 47 companhias) das 114 organizações que compõem a amostra possuem caráter volátil, ou seja, expandiram seu ramo de atividade para a venda de novos produtos e serviços ao longo da sua existência; mas o que mais surpreende é que 20,17% (o referente a 23 companhias) mudaram totalmente seu ramo de atividade. Totalizam esses dados em 70 organizações centenárias (o equivalente a 61,4%) que ampliaram ou modificaram-se totalmente diante das transformações ocorridas no ambiente. Isso significa que, conforme o contexto brasileiro sofreu alterações, essas empresas também trabalharam para se adaptar às modificações, aumentando a variedade de produtos ou serviços oferecidos dentro (e até mesmo fora) do seu ramo.

O território brasileiro, além de comportar muito bem os seus nativos, também se tornou casa de muitos imigrantes, com predominância os europeus, em meados de 1850 a 1905. Não é à toa que muitas das empresas centenárias da nossa amostra possuem os europeus como fundadores, sendo eles, em sua maioria, italianos, portugueses e alemães. É interessante ainda ressaltar que esses imigrantes se alocaram, em geral, nas regiões Sul e Sudeste do Brasil. Isso aí! Eles se instalaram nas regiões onde mais se tem empresas centenárias na nossa amostra de pesquisa. Isso significa que, em tese, devemos o sucesso inicial das empresas longevas a um público internacional que decidiu morar no solo tupiniquim alguns anos atrás.

Tabela 6
Origem dos fundadores

Origem	Nº de fundadores	Valor em %
Itália	26	22,8
Portugal	20	17,5
Alemanha	17	15
Brasil	24	21
Outros	27	23,7
TOTAL	**114**	**100**

FONTE: ELABORADO PELOS AUTORES.

Pudemos observar, então, que as empresas centenárias do Brasil estão espalhadas por quase todo território do país e possuem passagem por diversas áreas de atuação. Mas fica um questionamento: será que a área de atuação da empresa pode ter alguma relação com a região em que a sua matriz ou sede se encontra? Bom, a única coisa que se pode destacar é que as regiões Sul e Sudeste do Brasil compõem um grupo bastante grande de empresas longevas do ramo alimentício, tendo a região Sul uma preponderância aos laticínios e aos vinhedos e a região Sudeste aos pequenos comércios de alimentação, desde armazéns e restaurantes até padarias e confeitarias.

Com tudo isso, cabe a nós salientar os três fatos mais interessantes das empresas centenárias quando segmentadas por região e atuação:

1. **Elas fazem proveito da situação do país para determinar sua produção:** pudemos perceber que, ao longo da sua existência, as empresas centenárias desfrutaram de revoluções e de tendências, tudo de acordo com a necessidade das pessoas, condicionadas pelas circunstâncias do momento.

2. **Elas se beneficiam do local onde se situam, desde o clima até o estilo de vida:** é fácil compreender esse fato se, por exemplo, notarmos que a temperatura da região sulista favorece a produção de vinhos e que, além disso, é composta por um grande número de imigrantes europeus que apreciam essa cultura.

3. **Elas comumente se concentram nos polos regionais mais lucrativos:** a maioria das empresas, centenárias ou não, concentra-se na região Sudeste, como já comentamos, e isso pode ocorrer por diversas causas, como o desenvolvimento estrutural da região; o volume populacional, que resulta em uma clientela potencial; e até mesmo questões econômicas, como o Produto Interno Bruto, que o Sudeste representa com uma enorme parcela do valor total.

De fato, as empresas centenárias do Brasil são muito estratégicas com relação à localização e à área de atuação, mas pode-se perceber que, mesmo que elas se encontrassem em um local ruim ou diante de uma situação contextual prejudicial, ainda tirariam proveito dessas condições.

Caro(a) leitor(a), as empresas centenárias têm uma enorme sagacidade quando o assunto é definir uma estratégia, logo, é preciso entender que a estratégia é totalmente oposta à sorte. E, acredite, essas empresas não contaram com a tal da sorte! Ao empreendedor e ao aspirante a empresário, cabe evidenciar que é essencial aproveitar as tendências e as necessidades dos clientes em potencial para atingir o sucesso desejado, não dependendo somente de uma localização privilegiada.

Indicadores estratégicos das empresas centenárias

Neste capítulo, você vai ver:

Os principais indicadores apontados pelas empresas centenárias como fatores de sucesso e de perpetuação.

O que esperar ao final deste conteúdo?

Conhecer os principais elementos considerados pelas empresas centenárias como fatores de sucesso, tais como: produtividade, tradição, pessoas, contexto, estilo gerencial e gestão do conhecimento.

Projetos são ações estruturadas e com etapas predefinidas que, juntas, tornam possível a conclusão de um objetivo específico, podendo este ser atingível a curto, médio ou longo prazos. Dependendo do grau de complexidade, podem exigir etapas ou componentes muito específicos, mas, independentemente do projeto, todos se iniciam por conta de uma problemática ou ideia; têm pessoas participando do processo direta ou indiretamente; e induzem à produção de algo.

Organizações são semelhantes a projetos, que são criados com o propósito de realização de um objetivo, conforme foi visto anteriormente. Mas a diferença é que, enquanto um projeto possui um ciclo de vida bem definido — com começo, meio e fim já determinados —, as organizações possuem um ciclo de vida contínuo, de forma que, ao cumprir um objetivo, inicia-se novamente a trajetória inicial para um novo ciclo.

Os seres humanos nunca se cansam de criar objetivos, nunca deixam de sonhar e determinar metas para suas vidas. Todos nós somos um projeto contínuo. E, quando há a união de projetos contínuos com o espírito empreendedor de uma ou mais pessoas, formam-se as organizações.

Figura 2
Projeto comum X Projeto contínuo

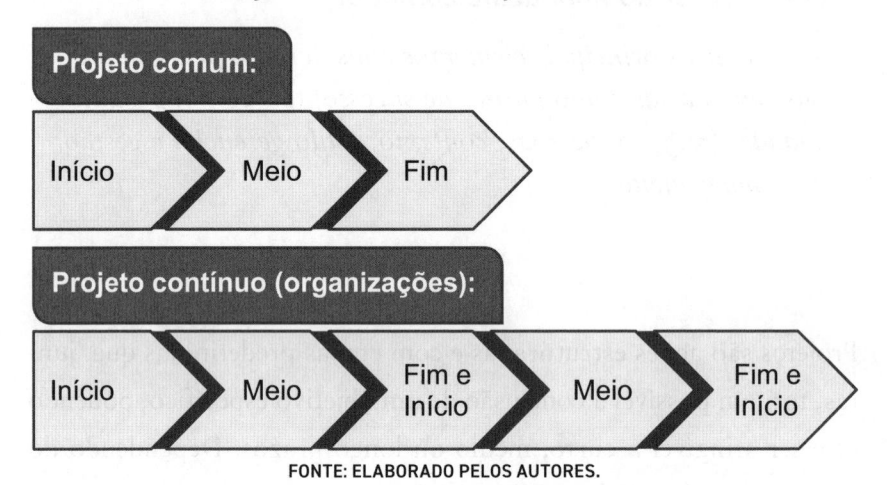

FONTE: ELABORADO PELOS AUTORES.

Assim como um ser humano, a estratégia das organizações deve estar voltada a nunca permitir a perpetuação do status quo, ou seja, nunca deixar que as coisas continuem como estão e sempre aceitar que novos objetivos sejam criados e alcançados. Digamos, então, que as empresas são como *projetos vivos* que, quando chegam ao fim esperado — que é a conquista de um objetivo —, tornam a iniciar a busca incessante por novos desafios e objetivos, e é somente dessa forma que esses projetos não cessam, mas se reinventam.

Todos os projetos geram um escopo, isso é, uma linha de raciocínio que determina as expectativas esperadas de todas as partes interessadas e todas as fases necessárias, em detalhes, para a conclusão do objetivo. E, por outro lado, seria quase impossível uma empresa concluir um objetivo sem criar indicadores no meio ou ao final desse processo. Indicadores são demonstrativos que possibilitam a visualização geral ou pontual de algum fator desejado, os quais podem ser utilizados para mensurar esse fator durante o processo de realização do objetivo ou após sua conclusão. Mas, independentemente da etapa em que são utilizados, os indicadores são demonstrativos de resultados reais, logo, o escopo determina o que é esperado durante o planejamento e os indicadores comparam o resultado obtido com o escopo.

A pesquisa que inspirou este livro contou com a participação real de quatro empresas centenárias da amostra, as quais preencheram um questionário criado pelos autores. Esse questionário teve como intenção perceber os pontos estratégicos praticados pelas empresas longevas para permanecerem em plena atuação. Veremos o resultado na sequência.

3.1. Produtividade

As questões voltadas à produtividade buscam indicar o quanto a empresa dá atenção ao mecanismo, ao maquinário ou à ferramenta (tangível ou intangível) que vai gerar seu produto ou serviço final. Partimos do princípio de que, para a empresa conquistar um bom posicionamento perante a concorrência, os produtos e os serviços devem ser compatíveis com as exigências do mercado. Em questões de múltipla escolha, nas quais havia quatro alternativas por questão, as empresas centenárias participantes da pesquisa apresentaram as seguintes respostas:

- ◆ A área funcional mais investida nas organizações é a Produção, correspondendo a 50% da escolha das organizações centenárias da amostra; os outros 50% foram fracionados entre as alternativas restantes.

- ◆ Com 75% de escolha das organizações centenárias, a inovação constante em produtos e serviços ou maquinários é a forma mais eficaz de garantia de continuidade das organizações.

- ◆ O desejo constante das organizações centenárias participantes é ser reconhecida pelos seus produtos (50%) e por suas boas práticas (50%).

- ◆ Segundo os resultados obtidos, a forma mais eficaz de resolver a perda de liderança de mercado (devido à concorrência) é ampliar o portfólio de produtos/serviços de acordo com as tendências de mercado, independentemente dos riscos, referindo-se a 50% das escolhas; os outros 50% foram fracionados entre as alternativas restantes.

- Meio ambiente e tecnologia possuem maior e igual relevância no processo produtivo segundo as organizações participantes, com 50% das escolhas para cada; os outros 50% foram fracionados entre as alternativas restantes.

- Unanimemente, o anseio das companhias centenárias é possuir maior lucratividade.

Compreende-se que as empresas longevas não medem esforços para que seus produtos ou serviços sejam impulsionados no mercado. E, sem dúvida, o investimento no processo produtivo, embora enxergado a longo prazo, pode levar ao sucesso financeiro almejado não somente pelas empresas centenárias, mas por todas as organizações.

3.2. Tradição

As questões sobre tradição remontam à ideia de que empresas longevas possuem muita história para contar. Mas, muito além de histórias, elas certamente têm comportamentos e costumes que foram carregados de geração em geração. Nessas questões feitas sobre a tradição dessas empresas, partimos do princípio básico de que, para todas as empresas, há práticas primordiais que elas carregam consigo diariamente. Estas foram as respostas obtidas na pesquisa:

- Descumprir regras e crenças internas, assim como sua missão, visão e valores, é o principal fator interno considerado pelas organizações centenárias para conduzir uma empresa a uma situação desfavorável, correspondendo a 50% das escolhas; os outros 50% foram fracionados entre as alternativas restantes.

- ◆ Unanimemente, as organizações centenárias participantes consideram consagradas e essenciais para si sua história e suas tradições.

- ◆ Preservar a tradição de produtos e serviços é uma prática organizacional que 75% das organizações participantes da amostra consideram relevantes no tocante à longevidade da companhia.

Tornou-se notório que tradições e valores são pontos relevantes para a existência das organizações centenárias. Compreender que uma empresa é composta por pessoas diferentes tanto em opiniões como em atitudes é um importante passo para buscar enraizar comportamentos positivos dentro da empresa. Esses comportamentos, se bem identificados e bem gerenciados, podem ser também perpetuados na organização.

A empresa deve criar uma imagem, não somente para seus clientes finais, mas também para aqueles que estão diretamente ligados ao meio gerencial, produtivo e de criação na empresa. Se os produtos e a marca da empresa são importantes, as atitudes do público interno são ainda mais relevantes. E, se é esperado que o funcionário tenha empenho naquilo que faz, é preciso mostrar o porquê de toda existência da empresa, seja por sua história, pelas práticas antigas, pela paixão ao produto ou pelo serviço que ela produz.

3.3. Pessoas

As questões sobre pessoas buscam compreender como as empresas longevas lidam com o público ao seu redor. Observe que, quando falamos de público, estamos mencionando todas as pessoas que podem ser afetadas ou podem estar interessadas pela empresa de algum modo. A forma como a empresa gerencia seu relacionamento com as pessoas ao redor mostra muito sobre ela, e partimos do pressuposto de que o sucesso das empresas depende do que os públicos interno e externo pensam e falam a seu respeito. Estas são as respostas em relação a essa temática:

- ◆ Referente aos fatores internos, as companhias centenárias consideram que uma imagem negativa vinda do ponto de vista dos seus stakeholders (clientes, fornecedores, funcionários e acionistas) poderia conduzi-la a uma situação desfavorável, representando 75% dos resultados.

- ◆ A melhor forma de garantir a continuidade da organização é possuir harmonia com os seus stakeholders, pertencendo a 50% dos resultados.

- ◆ A proximidade com os clientes é a condição de maior crédito no momento de definir a localização de suas instalações, segundo as companhias longevas participantes, correspondendo a 75% das respostas.

Entende-se que as pessoas possuem um papel vital na vida das organizações, desde a sua fundação até o seu pleno desenvolvimento, podendo até estarem relacionadas como um fator de falência das empresas. Sem a parte humana, as empresas simplesmente não existiriam, e, se o objetivo de um fundador não tivesse sido passado adiante, a longa vida das empresas centenárias não teria sido possível. As pessoas são denominadas como parte interessada de tudo o que acontece dentro e fora da empresa, não limitando-se somente aos fundadores e aos funcionários, mas podem ser também os seus fornecedores, clientes, acionistas e até mesmo aquelas pessoas que vivem no entorno das instalações da organização. Todas essas pessoas possuem interesses — diretos ou indiretos, positivos ou negativos — com relação ao funcionamento da empresa.

Organizações vão muito além de cargos, estruturas físicas, formulários, maquinários e softwares. Elas são formadas por diversas pessoas que possuem intenções diferentes, mas que estão ali para cumprir um propósito em comum: os objetivos da empresa. O detalhe é que ninguém — como diz o ditado —, "dá ponto sem nó", ou seja, nenhuma pessoa vai se disponibilizar para atingir o objetivo da empresa sem que perceba que a empresa também se disponibiliza para fazer com que ela cumpra seus objetivos pessoais.

Pensando em um exemplo simples: se a nossa persona fosse um funcionário da empresa, a organização poderia fazer uma contrapartida positiva, em troca do empenho, por meio de bons salários, benefícios tangíveis e intangíveis, reconhecimento, entre outros fatores que podem evidenciar a "realização de objetivos" de ambas as partes; ou, mesmo se nossa persona fosse um morador da região onde a empresa se localiza, a organização poderia realizar essa contrapartida mediante ações ambientais e sociais focadas em benefícios às comunidades ao redor.

Dessa forma, as empresas devem começar a entender que precisam, sim, que as pessoas estejam entusiasmadas ou interessadas em cumprir suas metas organizacionais, ou até mesmo que tenham opiniões positivas sobre a empresa. Sabendo disso, os indicadores estratégicos de desenvolvimento humano devem ser considerados como indispensáveis para as organizações. No âmbito interno, são alguns exemplos: indicadores de motivação e engajamento pessoal, índices de turnover e absenteísmo, metas de produtividade, pesquisas de satisfação, entre outros. No âmbito externo, um fator que poderia ser medido é o índice de preferência do consumidor com relação às outras marcas, pesquisas em sites oficiais de reclamação, entre outros métodos que podem ampliar a visão da empresa a respeito do que seus stakeholders pensam sobre ela.

3.4. Contexto e estilo gerencial

O contexto que permeia as organizações pode ser visto como algo positivo ou negativo, isso porque os fatores contextuais podem levar ao sucesso de uma empresa e, ao mesmo tempo, ao fracasso de outra. O que diferencia tais empresas é aquilo que elas fazem para ultrapassar as dificuldades ou para aproveitar as oportunidades, e isso pode ser visualizado pelo estilo de gerenciamento de uma organização.

Não é um segredo e muitos autores defendem que o Brasil é um país com muitos empecilhos para se abrir uma empresa ou mantê-la aberta. O contexto que permeia as organizações no território brasileiro tem se tornado cada vez mais hostil e desafiador, pois desde a rigidez para se abrir uma empresa até as adversidades para mantê-la têm dificultado a permanência das organizações no país. Mas ainda devemos destacar que o território brasileiro é muito rico em matéria-prima e em mão de obra, sendo então uma oportunidade útil.

Não somente pensando no Brasil, e sim em um contexto geral, as empresas passam constantemente por intempéries que dificultam a sua estabilidade, podendo ser condições políticas, ambientais, sociais e culturais e preferências no mercado consumidor. Porém, não podemos nos limitar ao pensamento de que todas essas condições citadas nunca foram benéficas às organizações.

As empresas centenárias possuem um forte *senso de oportunidade*, isso é, elas aproveitaram diversas circunstâncias, que certamente foram a ruína de outras empresas, para se beneficiar. Além disso, são capazes de perceber quais "lutas" valem a pena lutar, ou seja, conseguem identificar se, pelas suas condições, poderão ou não enfrentar a adversidade. Você pode verificar esse fator com mais atenção no Capítulo 6, no qual faremos um breve histórico das empresas centenárias brasileiras.

Todo o comportamento percebido nas empresas centenárias com relação ao ambiente externo também se reflete no ambiente interno. A forma de gerenciar contextualiza a realidade das organizações e define previamente — mas não definitiva e imutavelmente — qual será o seu comportamento tanto dentro como fora da empresa. Afirmamos que o comportamento delas não é imutável e nem definitivo, porque, assim como a comunidade, a tecnologia e a conjuntura em geral mudaram de comportamento ao longo dos anos, as organizações centenárias também estão no direito de tomar diferentes frentes no seu âmbito gerencial.

Abaixo é possível identificar as considerações que as empresas participantes da pesquisa fizeram sobre o ambiente externo e métodos gerenciais:

◆ Considerando os aspectos do ambiente externo, o elemento que mais afeta significativamente a organização, segundo as empresas participantes, são os regulamentos do governo, liderando com 75%. E, em segundo plano, as mudanças de mercado, com 25% de escolha.

- Os estilos de liderança que melhor correspondem às organizações participantes são o meritocrático (ênfase no merecimento de cada funcionário) e democrático (ênfase no incentivo à participação de funcionários e líderes), ambos com 50% cada.

Compreende-se que as organizações centenárias possuem costumes gerenciais mais flexíveis e participativos. Isso contraria uma linha de pensamento comum de que as empresas longevas são tradicionais e "engessadas". Esse resultado não indica que tais organizações nunca tenham sido rígidas em sua gestão e também não aponta que serão flexíveis e participativas no futuro, pois elas são mutáveis e adaptáveis, mas demonstra que as empresas centenárias sempre respondem significativa e positivamente aos novos modos de vida a cada ano de sua existência.

O comportamento gerencial das organizações centenárias pesquisadas aponta características e preferências de gestão de um público interno específico. Não podemos impor estereótipos sobre as características profissionais de uma pessoa, mas há estudos que estabelecem comportamentos específicos de profissionais conforme o próprio contexto em que eles nasceram. Os grupos mais recentes são subdivididos entre geração X, Y e Z: a geração X seria composta pelos nascidos entre a década de 1960 e 1980; a geração Y, composta pelos nascidos entre os anos 1980 e 1990; e a geração Z entre os nascidos entre 1990 e 2010.

Cada um dos grupos possui características profissionais diferentes, isso porque a conjuntura que os permearam desde o nascimento estabelece relação com o comportamento profissional de quando adultos. E partimos do pressuposto de que as empresas longevas atribuem esses comportamentos profissionais ao seu método de gestão, sendo, até o momento, flexível e participativo, funcionando até mesmo como uma forma de atração desse pessoal.

Conseguimos identificar também que as empresas centenárias atribuem grande importância aos regulamentos do governo, considerando-os um grande influenciador do seu comportamento diante do ambiente externo, e, em segundo plano, mas não menos importante, as mudanças de mercado afetam consideravelmente as organizações. Esses elementos, embora pareçam abstratos, estão presentes em todo momento na organização, pois, pensando na atuação do governo, a sua influência seria por intermédio dos tributos e dos impostos cobrados, contribuição para geração de renda da população e aumento de seu poder aquisitivo por meio da geração de empregos, promoção de vantagens ou desvantagens para abertura e permanência da empresa e gerenciamento da economia do país; e, pensando na influência do mercado, podem ser considerados os processos de oferta e demanda, as preferências do consumidor, a concorrência, entre outros fatores.

Pensar na conjuntura em que o Brasil vive hoje impõe a necessidade de união entre os dispositivos expostos pelo governo e as empresas. Por um lado, encontramos o governo, que dispõe seus regulamentos; por outro, as empresas que precisam produzir para gerar lucratividade; e, no meio dessas duas partes, temos a população brasileira. Segundo dados do Instituto Brasileiro de Geografia e Estatística (2021), em pesquisa realizada no segundo trimestre de 2021, há 14,4 milhões de brasileiros desempregados no país. As empresas que poderiam estar atuando em maior capacidade, devido a condições internas e externas, optam por reduzir o pessoal, aumentando a carga de trabalho individual e proporcionando maior propensão a doenças e acidentes do trabalho, enquanto não há incentivos externos (e justos) para novas contratações, e o combate ao desemprego e as consequências advindas disso já podem ser visualizadas.

3.5. O conhecimento

"Investir em conhecimento sempre rende os melhores juros."
BENJAMIN FRANKLIN

Especialistas afirmam que, atualmente, o capital financeiro de uma organização já não é o fator mais relevante, e sim o capital intelectual captado pela empresa. Isso não significa que o dinheiro já não é mais válido e almejado, mas sim que ele já não é tido como um diferencial para as empresas, embora todas elas desejem isso. E é justamente pelo fato de todas as organizações desejarem lucratividade que o capital financeiro se tornou um recurso comum e nada diferenciado.

Geus (1999) faz uma menção importante sobre o interesse empresarial pelo conhecimento, citando que ele é tido como atual propulsor da economia e, portanto, reconhecido como **recurso escasso** dentro das organizações, sendo assim de grande apreço para seus interessados. Nem sempre foi visto dessa maneira. Segundo o autor, há algumas fases históricas nas quais a economia transitou que instigaram diferentes interesses nas pessoas:

- ◆ **Terras:** a economia partiu primeiramente da valorização pelas terras, sendo que aqueles que tinham posse sobre elas dominavam também a criação de riquezas.

- ◆ **Dinheiro:** o anseio pelo capital (fator limitado até aquele momento) sobreveio após a diminuição do interesse por posses de terras, tornando, naquele momento, o senhor de capitais também o criador de riquezas.

◆ **Conhecimento:** por último e atual, o interesse pelo domínio do conhecimento ocorre por volta do século XX, quando o capital já se encontra em abundância e, portanto, sua concorrência é baixa, tornando então o conhecimento humano um diferencial contemporâneo para as empresas e um fator crítico para a economia e a produção de bens e serviços.

De sorte, as empresas são justamente formadas por um conjunto de conhecimentos individuais que, de alguma forma, são compartilhados entre os seus membros internos e externos. Acontece que, dentro das organizações, geralmente há uma dificuldade com a gestão das informações e do conhecimento, e isso ocorre tanto em empresas grandes como em empresas pequenas.

Nas empresas grandes, o maior empecilho para a disseminação do conhecimento se dá justamente por conta da estrutura burocrática que essas entidades geralmente apresentam, tornando o processo informacional muito mais complicado. Já nas empresas pequenas, a dificuldade está na extrema informalidade dos processos, ou seja, não há como enraizar o conhecimento, pois todo o processo de transmissão é feito informalmente, no "boca a boca", de forma que não há nada registrado fisicamente, mas tudo "está na cabeça" das pessoas.

O processo de gestão do conhecimento possui algumas fases básicas que estão interligadas para que ocorra o seu perfeito funcionamento. São elas:

Figura 3
Fases da gestão do conhecimento

FONTE: ELABORADO PELOS AUTORES.

Não basta obter o conhecimento e compartilhá-lo — é preciso também respeitar todo o processo para que esse conhecimento não se perca, assim como também não basta armazená-lo e não utilizar aquilo que foi obtido. Todas as informações existentes hoje um dia foram apenas dados espalhados, e estes, por sua vez, são todos como uma espécie de "matéria-prima rústica" que precisa ser tratada e transformada em informação, que também precisa ser compreendida e transformada em conhecimento para ser armazenada de forma inteligente e, assim, ser compartilhada com quem interessar.

Sabendo que o conhecimento é uma fonte estratégica para as empresas no contexto atual, as organizações devem investir em *projetos geradores de ações,* a fim de instigar o público interno para o uso do conhecimento de forma a gerar resultados em benefício da empresa. Um exemplo disso é que poucas organizações incentivam propositalmente o empregado a desenvolver técnicas que melhorem algum problema interno, mas a falta desse incentivo pode gerar empregados limitados e inativos, no sentido de faltar proatividade da parte deles. Todos possuem conhecimento, podendo este ser inerente ao trabalho ou ser algo adquirido por experiências pessoais.

As organizações podem utilizar técnicas e identificar problemas internos e externos que precisam ser solucionados, para captar o conhecimento de seus empregados. Kaizen, 5S, PDCA, mapa da empatia, brainstorming, entre outros, são métodos de melhoria contínua e de planejamento estratégico nos quais o funcionário poderá desenvolver soluções utilizando seu conhecimento geral e profissional a fim de conquistar resultados positivos para a empresa.

Esses desafios propostos já não são mais novidade no ramo empresarial e têm proporcionado resultados para as organizações. A Toyota do Brasil, multinacional japonesa, é um exemplo de organização que efetua periodicamente desafios coletivos de melhoria com seu público interno. Com direito a premiações, o desafio possui até um nome específico, separação em times/grupos e participação em geral dos funcionários. Além disso, a organização estimula o desenvolvimento de soluções e de melhorias dentro do setor de cada empregado. O processo envolve um regimento composto por regras e há uma avaliação interna dos superiores ao empregado que efetuou a melhoria, e, após aprovado, o empregado tem direito a pontos que podem ser trocados por prêmios. Essas são algumas ideias que, além de tornarem o processo de resolução de problemas algo lúdico, também instigam o empregado a conquistar algo de interesse pessoal.

Atualmente, ter conhecimento significa ter o poder em suas mãos. As empresas que captam pessoas talentosas têm maior probabilidade de se destacar no mercado. Sendo assim, reconhecemos que o conhecimento se tornou uma "mola propulsora" para que a companhia se promova diante de um mercado extremamente competitivo, e a forma como a empresa recepciona esse conhecimento é a chave que determina o sucesso desse indicador.

Questões para refletir:

1. Dê um exemplo de uma situação em uma empresa que você considera que o conhecimento sobrepôs ou ultrapassou a condição financeira da companhia. Dica: você pode utilizar uma das empresas do Capítulo 6 para auxiliar nesta análise.

2. Explique, com um exemplo para cada item, como cada um dos indicadores citados no capítulo podem influenciar no sucesso de uma empresa:

   - Produtividade.
   - Tradição.
   - Pessoas.
   - Contexto e estilo gerencial.
   - Conhecimento.

Comparações entre a Matarazzo e a Votorantim: um estudo de caso

4

Neste capítulo, você vai ver:

Comparação entre as trajetórias de dois gigantescos conglomerados industriais no cenário brasileiro, ao longo do século XX, e o destino que a história reservou para cada um deles.

O que esperar ao final deste conteúdo?

Refletir sobre a capacidade empreendedora dos fundadores de empresas brasileiras e o potencial para transmitir e consolidar essa capacidade às futuras gerações.

4.1. A mesma gênese geográfica

Sorocaba, situada no sudoeste paulista, é hoje uma cidade com cerca de 750 mil habitantes, com uma economia baseada na indústria, no comércio e em serviços, sede da Região Metropolitana de Sorocaba (RMS), composta por 27 municípios somando uma população de 2,1 milhões de moradores.

Desde sua fundação em 1654, a cidade sempre marcou presença na história do Brasil. O primeiro ciclo histórico foi do bandeirantismo, que, tendo a cidade como ponto de partida, rompeu a linha do Tratado de Tordesilhas, ampliando o território sul-americano para o rei de Portugal. Na sequência, em função de sua posição geograficamente estratégica, Sorocaba passa a ser o principal entreposto brasileiro para a comercialização de cavalos e muares, com tropas vindas a princípio do Rio Grande do Sul, mas depois de estados do Norte e do Nordeste, onde eram negociadas.

O movimento de desenvolvimento econômico seguinte é marcado pela industrialização, sendo iniciado pela Real Fábrica de Ferro São João do Ipanema, cuja produção se inicia em 1810. Na sequência, o advento da indústria têxtil e a implantação da Estrada de Ferro Sorocabana levam a região a um patamar de produção e logística sem precedentes na história brasileira, fazendo com que o senso comum a alcunhasse de Manchester paulista, em alusão à cidade industrial inglesa.

Essa breve digressão sobre a história de Sorocaba não tem como objetivo fugir do assunto do livro, mas lançar foco sobre o interesse contínuo que a cidade manifestava aos imigrantes europeus do fim do século XIX, sobretudo a italianos, espanhóis e portugueses, cujas pátrias apresentavam quadros de contínuas instabilidades econômicas e sociais.

Dois desses imigrantes, desembarcando no Brasil em busca do sonho americano — que também se aplicava ao Brasil —, aportaram em Sorocaba e se tornaram os precursores de dois dos maiores conglomerados empresariais do país que romperam a barreira do tempo, tornando-se empresas centenárias. Uma delas continua sendo um dos maiores grupos empresariais do país, e a outra, tendo ocupado a posição de maior e mais rica empresa brasileira, sucumbiu logo após completar cem anos, por razões que serão tratadas ao longo deste capítulo.

4.2. Francesco

Figura 4
Fábricas Matarazzo

FONTE: MYLLA.[1]

---

1   Disponível em: https://wordpress.org/openverse/image/f4e33726-f63e-4ec5-a92e-8e6 aa2936ccd. Acesso em: 22 dez. 2022.

Em 9 de março de 1854, a pequena *Comuna* de Castellabate, hoje província de Salerno ao Sul de Nápoles e à época parte do Reino das Duas Sicílias, registrou o nascimento de Francesco Antonio Maria Matarazzo, mais uma entre tantas outras crianças nascidas naquele dia e hora em tantos outros rincões da Itália e ao redor do mundo. Era o filho mais velho de Costabile e Mariangela, uma família dedicada à agricultura e ao comércio que não fazia a mínima ideia da importância que o filho teria na história de um país distante, localizado na América do Sul, que conhecia apenas de ouvir falar — um tal de Brasil —, e que, mesmo na história da própria Itália, estava em processo de unificação naquele momento.

Por ocasião de sua morte, em 10 de fevereiro de 1937, aos 82 anos, ostentando o título nobiliário de Conde outorgado pelo Rei Vitorio Emanuelle III, seu patrimônio era contabilizado em 20 bilhões de dólares americanos. Era o homem mais rico do Brasil e o italiano mais rico fora da Itália. A história de Francesco Matarazzo confunde-se com os primórdios da história da industrialização brasileira, mas, até chegar nesse ponto, um longo caminho teria que ser percorrido.

Aos 19 anos, com o falecimento do pai, Francesco teve que cuidar da mãe, dos oito irmãos e dos negócios da família, que consistiam no trato da terra e no comércio de banha de porco. Em 1881, seduzido pelos boatos de que havia um Eldorado na América do Sul — uma terra de possibilidades infinitas para quem gostasse de trabalhar — chamado Brasil, Francesco, apoiado por sua mãe, resolve partir para tentar a sorte em terras tupiniquins. Desde já deixando claro seu espírito visionário e empreendedor, ele emprega todas as suas economias em um lote de banha de porco, no intuito de vender no Brasil, tendo assim recursos para abrir seu próprio negócio.

Não há unanimidade entre os historiadores em relação à quantidade de banha que foi trazida por Francesco em sua viagem; alguns dizem que foram duas toneladas, já outros que foram vinte. Mas o que se sabe ao certo é que tais produtos jamais foram desembarcados, e aí há outro ponto controverso entre os historiadores: alguns relatam que a carga caiu na Baia de Guanabara durante o desembarque; outros que o barco que trazia a carga naufragou.

Vendo suas economias irem por água abaixo, Francesco procurou um amigo, seu conterrâneo Fernando Grandino, em Sorocaba, e investiu todo o dinheiro que lhe restara em quatro mulas e mercadorias. Saía para vender na região, comprando e vendendo de tudo para alimentação e uso doméstico. Detentor de hábitos espartanos ao extremo, em questão de poucos meses juntou dinheiro e abriu um armazém de secos e molhados em Sorocaba. Com os lucros auferidos, passou a investir na produção de banha de porco, como fora o plano desde o princípio, frustrado pelo naufrágio da carga trazida da Itália.

Visionário e inovador, Francesco põe em prática estratégias de mercado para neutralizar concorrentes e agregar valor ao produto, entregando-o a um preço melhor ao consumidor. Fustigado pela concorrência no negócio da banha, ele simplesmente decide comprar todos os porcos da região, impedindo que os demais produtores tivessem acesso à matéria-prima. Além de deter o pleno controle do mercado, inova ao começar a embalar a banha de porco em latas, o que proporcionava, além de maior durabilidade do produto, mais praticidade aos consumidores. Até então o produto era acondicionado em barricas de madeira que facilitavam sua deterioração.

Com os negócios de vento em popa, Francesco foi trazendo sua família para o Brasil — primeiro a esposa Filomena, em seguida os irmãos. Em 1890, ele dá um passo decisivo em sua história empreendedora que mudaria a face de uma cidade e a economia de uma nação, ao transferir seu estabelecimento comercial de Sorocaba para São Paulo, abrindo a empresa Matarazzo & Irmãos, que detinha, além do comércio em São Paulo, fábricas de banha e de embalagens de lata em Sorocaba e em Porto Alegre. Mas seu principal foco era a importação de farinha de trigo dos Estados Unidos.

No ano seguinte, por desavenças entre os irmãos, a sociedade se dissolveu, dando lugar à Cia. Matarazzo S.A., composta por Francisco e outros 41 acionistas minoritários. Essa empresa operou por vinte anos, ao longo dos quais foram agregados negócios como navios para transporte de trigo da Argentina, moinhos para fabricação de farinha, fábricas de botões, de latas, de sabão, de adubo e uma infinidade de manufaturas que geravam sinergia dentro da verticalização dos negócios. Em 1911, dá lugar às Indústrias Reunidas Francisco Matarazzo (IRFM), *holding* sob o qual foram organizados os múltiplos negócios de Francesco.

Por essa época, Matarazzo já era o homem mais rico do Brasil, deixando claras sua fibra empreendedora, sua propensão a assumir altos riscos nos negócios, e sua capacidade de fazer as melhores leituras do mercado e de focar as demandas reprimidas.

Em 1920, quando se inaugura o complexo industrial no bairro paulistano de Água Branca, instalado num terreno de 100 mil metros quadrados, a infinidade de negócios que se concentra ali é algo surreal! Com cerca de 200 fábricas, a estratégia de Francesco calcada na diversificação fica muito clara. Essa, que foi a razão de seu sucesso empresarial, seria também uma das causas de sua derrocada num futuro distante.

Empresário de sucesso como poucos no mundo, filantropo no Brasil e na Itália, Francesco era pai de 13 filhos concebidos de sua esposa, Filomena, e nada poderia abalar sua felicidade e sua fé na perpetuação do império industrial que criara desde sua chegada ao Brasil. Mas a morte prematura de seu sucessor natural, seu filho mais velho Ermelino Matarazzo, uma unanimidade entre os irmãos para assumir o conglomerado na aposentadoria do pai, trouxe uma tristeza profunda a Francesco e uma lacuna sucessória.

Durante a Primeira Guerra Mundial, Francesco estava na Itália e por lá ficou, organizando em Nápoles uma frente de abastecimento para os italianos. No Brasil, além de cuidar de arrecadações que eram enviadas a essa frente na Itália, Ermelino tomou as rédeas dos negócios, praticamente dobrando o faturamento durante os quatro anos de sua gestão. Ele faleceu num acidente de carro em janeiro de 1920, durante suas férias na Itália, com a idade de 36 anos.

A escolha do novo sucessor recaiu sobre o 12º filho de Francesco: Francisco Matarazzo Junior, conhecido por todos como Chiquinho, que, diferentemente de Ermelino, não tinha qualquer unanimidade entre os irmãos. Foi aí que começaram os rachas e as desavenças familiares, que recrudesceram após a morte de Francesco.

O legado material, histórico e filosófico de Francesco Matarazzo é inquestionável. Seu conglomerado industrial chegou a empregar

30 mil pessoas em unidades ao longo do Brasil e da Argentina. O somatório do faturamento de suas empresas, em termos nacionais, era inferior apenas à arrecadação do Estado brasileiro, do estado de São Paulo e do Departamento Nacional do Café. Ou seja, à época, era superior à arrecadação dos demais estados brasileiros e ao Produto Interno Bruto (PIB) de muito países. Como empreendedor, deixou lições de persistência, perseverança, resiliência e senso de oportunidade. Como cidadão, empregou somas vultuosas de sua fortuna na filantropia, no Brasil e na Itália, investindo principalmente em hospitais. O lado negro da força é que parte desse investimento foi para o partido fascista de Mussolini, por quem Francesco nutria grande respeito.

Pode-se até tentar contar a história de outro jeito, porém dificilmente se consegue desmistificar fatos comprovados por materializações no tempo e no espaço, que acabam reverberando pelas gerações futuras, crivadas de atos guerreiros, de heroísmo e de decisões radicais, como é observado na biografia de Francesco Matarazzo. Por outro lado, a obra material erigida por mãos humanas, se não for conservada na mesma dinâmica das mãos e das mentes que a erigiram, tende, ao cabo do tempo, ao abandono e à ruína.

De certa forma, foi exatamente o que aconteceu após a morte de Francesco. A falta de visão dos herdeiros, que seguiram na mesma balada do fundador, numa estratégia de diversificação infinita, sem o faro atento às transformações do mercado, associada a constantes litígios entre os herdeiros, levaram a IRFM a ser lentamente corroída de dentro para fora, com a luz vermelha se acendendo de uma vez por todas no balanço negativo em 1969, o primeiro de sua história.

A falta de alinhamento com o fluxo da história fica clara no evento em que o então Presidente da República, Juscelino Kubitschek, convida Chiquinho, que fazia parte de seu círculo de amigos empresários, a investir na primeira fábrica de automóveis no Brasil a ser implantada pela Volkswagen, da qual Chiquinho desdenha, considerando que a produção de carros não era compatível com os negócios da organização. A história, contudo, mostra que todos que colocaram dinheiro no negócio foram muito bem-sucedidos e tiveram retornos auspiciosos.

Com a morte de Chiquinho em 1977, o comando do ainda maior grupo empresarial do Brasil é assumido por sua filha caçula, Maria Pia, de 32 anos, que não contava com o apoio de nenhum dos familiares, fossem irmãos, primos ou tios. Em meio a querelas jurídicas por dinheiro e poder, e à tentativa de reorientar a organização da diversificação que historicamente a marcava para áreas de *core business*, definidas como química, papel e álcool, Pia viu o navio adernar. Porém, apesar de todos os esforços, com as vendas das empresas menos rentáveis ou fora desse foco definido, e sem condições de honrar os compromissos com credores, pediu concordata em 1983. Poucos anos depois, tendo sido cancelada judicialmente a concordata, a falência tornou-se inevitável. Depois de pouco mais de cem anos, desde a abertura da venda de secos e molhados na cidade de Sorocaba que deu início ao império Matarazzo, o navio naufraga de vez, dando fim a um dos mais importantes conglomerados empresariais da história do Brasil.

4.3. Antonio

Figura 5
Cia. Brasileira de Alumínio

FONTE: ROBERTO SABINO.[2]

Há uma abordagem da administração sobre os papéis dos administradores que considera como um dos papéis interpessoais o de símbolo, que significa aquele que desempenha a ação de elo entre a organização e o mercado, acabando por corporificar a identidade da própria organização. Exemplos disso são pessoas como Steve Jobs, que mesmo tendo falecido em 2012 continua sendo identificado com a marca Apple; e Abílio Diniz que, tendo saído do Grupo Pão de Açúcar há dez anos, continua sendo lembrado como símbolo da empresa.

Quando o assunto é a Votorantim ocorre um efeito semelhante, em que a relação é imediata com a figura de Antonio Ermírio de

---

2   Disponível em: https://wordpress.org/openverse/image/a6b96bdd-42c6-4e1c-8b59-8d2 e7cc8231f/. Acesso em: 22 dez. 2022.

Moraes, membro da segunda geração dos fundadores do grupo empresarial e falecido em 24 de agosto de 2014. Mas não é, a princípio, desse Antonio a abordagem do título. Trata-se de Antonio Pereira Ignácio, avô de Antonio Ermírio e fundador da Votorantim.

O ano de 1918 marca o início histórico da Votorantim, com a compra da massa falida do Banco União pelo empresário Antonio Pereira Ignácio. No pacote vieram vários negócios que contavam com a Fábrica de Tecidos Votorantim, à época no distrito de Sorocaba, e ferrovia e terrenos nos estados de São Paulo e do Paraná. Tais negócios foram somados aos que Antonio já possuía: uma fábrica de cimento e uma descaroçadora de algodão.

Concluímos, portanto, que não foram os Ermírio de Moraes que fundaram a Votorantim, mas sim o personagem desconhecido, hoje relegado ao nome da avenida que liga Sorocaba a Votorantim: Comendador Pereira Inácio, que, sem mais delongas, subtrai o Antonio!

Antonio nasceu em Baltar, então distrito da cidade do Porto, em Portugal, em 29 de março de 1875, filho do sapateiro João Pereira Inácio e de Maria Coelho Pereira. Em 1886, a família emigrou para o Brasil, radicando-se em Sorocaba. No princípio, ajudava seu pai numa sapataria e estudava à noite. Com 14 anos, segue para São Paulo e, depois, para o Rio de Janeiro, onde trabalhou numa empresa importadora pertencente a um conterrâneo de Baltar. Após três anos de trabalho, Antonio juntou dinheiro suficiente para abrir seu primeiro negócio, um armazém na cidade de São Manuel do Paraíso, interior de São Paulo, hoje apenas São Manuel. Em 1895, voltando para Sorocaba, abre um armazém de secos e molhados.

A virada do século encontra Antonio casado com dona Lucinda, ao mesmo tempo que investe em uma serraria, numa indústria de descaroçamento de algodão e numa fábrica de óleo de algodão. Dono de uma força de vontade inquebrantável e de uma determinação incontida, Odair Sene (2018) conta uma história inusitada sobre Antonio: diz que, em 1906, ávido para melhorar a produtividade de suas fábricas de óleo e de algodão, ele parte para os Estados Unidos a fim de obter *know-how* de produção. Certo de que os norte-americanos não forneceriam tais conhecimentos de graça, mesmo sem falar inglês, ele consegue um emprego na empresa Wilson North Carolina em Charlotte, na Carolina do Norte. Investe num verdadeiro *benchmark*, no qual no dia a dia vai aprendendo as técnicas que precisaria usar em suas fábricas no Brasil.

Ao cabo do tempo, dado seu desempenho distinto, Antonio é convidado para assumir a chefia de um dos departamentos da empresa. Nesse momento ele resolve abrir o jogo com seus chefes, explicando qual era seu real propósito na empresa. Aturdidos e estupefatos com a história, os superiores ficam ainda mais surpresos quando Antonio lhes devolve todos os envelopes de salários recebidos, intactos, sugerindo que aceitassem de volta e distribuíssem entre os trabalhadores mais necessitados. O caso de Charlotte revela muito bem o tipo de caráter de Antonio: humano e empreendedor!

Operando nos negócios de tecido, óleo de algodão e cimento, a Votorantim segue crescendo. Em 1925, recebe nos quadros de gestão o engenheiro pernambucano José Ermírio de Moraes, formado nos Estados Unidos e recém-casado com a filha de Antonio, Helena Pereira Ignácio. Com total apoio do sogro, José assume a administração da organização e, seguindo a mesma cartilha de austeridade e sobriedade nos negócios, atravessa as crises econômicas de

1929 e do início dos anos de 1930, que redundaram na revolução constitucionalista.

Antes de seu falecimento em 14 de fevereiro de 1951, Antonio dividiu suas ações da companhia de forma igualitária entre seus três filhos: João, Paulo e Helena. Sabe-se que, em algum momento, José Ermírio adquiriu as partes de seus cunhados, tornando-se o acionista majoritário da Votorantim, de sorte que as sucessões no comando da organização foram feitas por seus filhos — primeiro por José Ermírio de Moraes Filho e, depois, por Antonio Ermírio de Moraes.

Diferentemente da estratégia de diversificação da Matarazzo, a Votorantim se notabilizou pela especialização em algumas áreas-chave, nas quais pudesse efetivamente obter um diferencial competitivo. Foi dessa forma que, ao longo do século XX, foram priorizados os negócios nas áreas de cimento, alumínio, química e metalurgia e, posteriormente, papel e celulose.

A edição da *Revista Exame* chamada *Melhores & Maiores* de 2019 traz a Votorantim como o 16º grupo empresarial brasileiro, composto por 283 empresas, que gravita dentro dos espaços de sinergia do grupo. Entre as principais são citadas: Votorantim (cimento, metais, energia e siderurgia), Acerbrag, Acerias Paz del Rio, Cia Brasileira de Alumínio (CBA), Reservas Votorantim, Fibria Celulose, Citrosuco, Banco Votorantim, Sitrel e Siderúrgica Três Lagoas. O resultado financeiro, que remete ao ano de 2018, ano esse que marca o aniversário de 100 anos do grupo, apresenta um faturamento de US$8,4 bilhões, com lucro de US$504,2 milhões.

Com a quarta geração no poder, sem evidências de conflitos familiares, os bisnetos de Antonio continuam seu legado de trabalho, numa busca constante pela modernização da organização, aparelhando-a para as mudanças constantes no mundo que, naturalmente, acabam afetando os negócios.

4.4. Contraponto

Temos então apresentados dois casos com muitos pontos em comum em sua dinâmica histórica e de escolha de negócios. Ambos iniciaram suas atividades na cidade de Sorocaba — isso se considerarmos o primeiro negócio de Francesco Matarazzo que data de 1882, uma vez que a IRFM foi fundada em 1911 em São Paulo. Ambos foram concorrentes em muitos momentos, principalmente nas indústrias têxteis, de cimento e de óleo.

Ambos os fundadores eram imigrantes europeus, um italiano e o outro português, que vieram para o Brasil com a intenção de "fazer a América", vislumbrando possibilidades que, àquela ocasião, não seriam possíveis em suas terras de origem. Ambos possuíam o espírito empreendedor latente e a coragem para, sob qualquer risco, colocar em prática suas ideias, muitas vezes consideradas puras maluquices. Além disso, possuíam uma percepção da realidade que os levava a vislumbrar oportunidades de mercado onde outros enxergavam apenas problemas. Foram protagonistas da construção de dois grandes impérios econômicos que alavancaram o desenvolvimento industrial do Brasil, que começava a sair de um patamar de importador de manufatura a produtor e exportador.

Bem, as semelhanças terminam por aí! À luz das boas práticas que marcam as empresas centenárias brasileiras, vamos fazer algumas comparações entre as organizações que criaram.

Hoje, em 2021, o Grupo Votorantim celebra 103 anos de existência, sólido em seus negócios, empregando mais de 30 mil pessoas, materializando-se como um rico legado de seu fundador e dos ensinamentos seguidos pelos sucessores, todos da família. Já o Grupo Matarazzo, caso ainda estivesse em atividade, poderia estar completando 139 anos ou, na pior das hipóteses, se for considerada apenas a data da criação da IRFM, 110 anos. Porém, não resistiu ao tempo e nem conseguiu fazer frente às mudanças do mundo ao longo de todos esses anos. Mas o que o levou a essa inação e à miopia de negócios? Ou, de uma forma muito objetiva, a pergunta que sempre se faz, seja no senso comum ou na academia: o que aconteceu com a Matarazzo?

O sucesso de empresas familiares depende muito da forma como se dá a sucessão — e essa é uma teoria defendida por Bernhoef (2011). Em seu livro *Empresas Brasileiras Centenárias: a história de sucesso de empresas familiares*, ele apresenta a história de cinco empresas brasileiras centenárias cujas famílias, na terceira ou na quarta geração, continuavam no controle da organização, sendo essa perpetuidade da genética do fundador a principal causa da longevidade dessas empresas, segundo ele.

De fato, quanto menos turbulento for o processo de sucessão melhor será para o destino dos negócios, todavia esse não é o único fator determinante para a longevidade de uma empresa. Há casos de organizações que foram vendidas, ou cujo controle acionário saiu das mãos da família fundadora, que continuaram sendo bem-sucedidas. A Ypióca, uma cachaçaria cearense centenária que figura na obra de Bernhoef, e portanto está dentro dos quesitos de imutabilidade no controle familiar ao longo das gerações, foi vendida para a inglesa Diageo no ano seguinte à publicação de seu livro. Nem por isso houve um processo de declínio à empresa e à marca; muito pelo contrário, houve a implantação de novas estratégias mercadológicas e de internacionalização.

O processo de sucessão do Grupo Matarazzo demonstrou-se complicado, sendo reputado a ele a catástrofe que veio a ocorrer anos mais tarde, já na terceira geração no controle da companhia. Mas podemos citar também outros elementos, como a falta de profissionalização do grupo, principalmente dos membros da família, que na terceira geração chegava a trezentas pessoas, todas com um envolvimento direto ou indireto com o conglomerado e ávidas pela sua parte do bolo. Enquanto isso, os Ermírio de Moraes preparavam seus filhos com estudos no exterior, buscando experiências e visões de mundo que permitissem, a seu tempo, manter a organização alinhada com o que fosse atual e moderno no mundo dos negócios.

Organizações que souberam fazer as leituras corretas do mercado ao longo do tempo, sendo flexíveis o suficiente para se adequar às mudanças, conseguiram dar um *bypass* na linha do ciclo de vida dos negócios, que, segundo Adizes (1993), possui começo, meio e fim. Fim este, todavia, que pode ser evitado indefinidamente, desde que as melhores práticas de gestão sejam aplicadas corretamente em cada tempo vivido pela organização. Nesse sentido, nos lembramos dos esforços de Maria Pia em concentrar as mais de duzentas empresas do Grupo Matarazzo em apenas três grandes áreas. Naquele momento, início da década de 1980, apresentou-se como uma solução inócua para a resolução dos problemas do Grupo, porém, se tomada nas décadas passadas, talvez fosse a decisão correta para aquele momento histórico.

Por outro lado, a Votorantim, mesmo após a morte de seu fundador, permaneceu firme no propósito de agregar valor aos processos manufatureiros que dominava e outros que fossem estrategicamente interessantes, como observa-se na implantação da Nitro Química e na entrada na área de celulose e papel num momento tumultuoso da economia brasileira. Em reportagem publicada no *Diário de São Paulo* em 1952, o jornalista Geraldo Banas sintetiza muito bem a diferença estratégica entre as duas empresas: "A Votorantim é um grupo que procura a associação com capital de terceiros enquanto a Matarazzo, por exemplo, concentra suas atividades em companhias sob seu absoluto controle."

Capacidade de resiliência, leitura de mercado e dos sinais da história, associados à flexibilidade para adaptação às rápidas mudanças do mundo, são elementos fundamentais à perpetuação das organizações. E se além disso conseguirem processos de sucessão racionais, certamente dominarão a receita para vencer o desafio do tempo.

Questões para refletir:

1. Que fatores você indica como favoráveis ao sucesso das empresas centenárias?

2. Que fatores podem colocar em xeque a perpetuidade das empresas centenárias?

3. Quais são as diferenças básicas observadas entre a Matarazzo e a Votorantim?

4. Utilizando as referências históricas do texto e o material de apoio, indicado pelos links do capítulo, elabore uma linha do tempo confrontando a história das duas organizações.

Materiais de apoio:

1. https://www.terra.com.br/economia/vida-de-empresario/francesco-matarazzo-foi-de-mascate-a-5-mais-rico-do--mundo,883785290daa7410VgnVCM10000098cceb0aR-CRD.html

2. https://historiadeempresas.wordpress.com/category/industrias-matarazzo/

3. http://www.saopauloinfoco.com.br/francesco-matarazzo/

4. https://www.ebiografia.com/francisco_matarazzo/

5. https://www.mundolusiada.com.br/comunidade/antonio--pereira-ignacio-o-portugues-que-abriu-o-mercado-indus-trial-no-brasil/

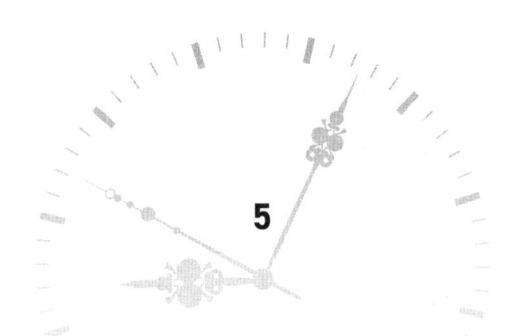

Empresas centenárias na Bolsa de Valores

Neste capítulo, você vai ver:

A importância da Bolsa de Valores para a expansão das empresas, em particular as centenárias, cuja dinâmica no mercado de ações atravessa um longo período histórico.

O que esperar ao final deste conteúdo?

Conhecer as empresas centenárias que negociam suas ações no mercado de capitais e eventualmente compará-las com outras que não optaram por esse modelo de negócio.

Empresas centenárias também são *cases* de sucesso há décadas quando o assunto é Bolsa de Valores. Lembrando que a própria B3, ainda conhecida pelo senso comum como Bovespa — que é a Bolsa de Valores do Brasil —, se considerarmos a linha do tempo do negócio desde a criação da Bolsa Livre em 1890, e não apenas da empresa em si, também é uma empresa centenária.

Figura 6
Crescimento da Bolsa de Valores

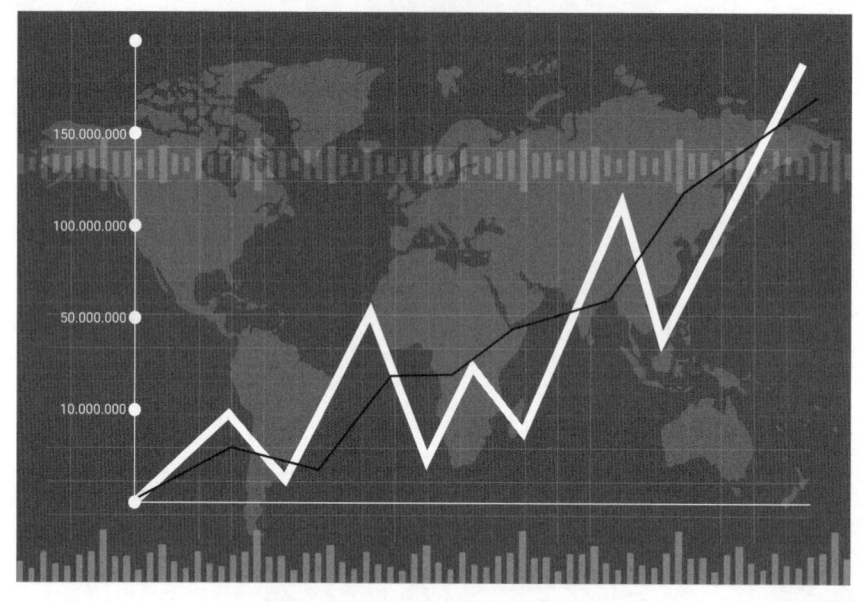

FONTE: MARKUS WINKLER NO UNIPLASH.

A hoje conhecida B3 é fruto de inúmeras transformações organizacionais ao longo do tempo, sintetizando a evolução histórica do mercado de capitais brasileiro. Até a década de 1960, havia 27 Bolsas de Valores no Brasil, todas vinculadas aos governos estaduais. A partir da reforma financeira promovida pelo Governo Federal em 1967, as Bolsas adquiriram a identidade de Associações Civis sem fins lucrativos, com autonomia financeira, administrativa e patrimonial. A partir de 2000, a Bovespa passou a integrar todas as bolsas brasileiras e, em 2007, com a fusão com a Bolsa de Mercados e Futuro (BM&F), abre seu capital, tornando-se uma entidade com fins lucrativos e negociando suas ações no próprio ambiente por ela administrado. Em 2017, a BM&FBovespa (BVMF) se funde com a Central de Custódia e de Liquidação Financeira de Títulos (Cetip), transformando-se na B3 S.A., que viria a ser a quinta maior Bolsa de Valores do mundo.

As Bolsas de Valores possuem um importante papel na economia capitalista, uma vez que facilitam o acesso das empresas a investimentos baratos dentro do mercado de capitais, ao mesmo tempo que permitem a segurança dos investimentos e acionistas nas empresas listadas naquela Bolsa. Atualmente (2022), a B3 congrega mais de quatrocentas empresas que negociam suas ações em seus pregões, porém apenas um grupo seleto de empresas que atendem a um rol restrito de exigências compõe o Índice Bovespa.

O Índice Bovespa, ou apenas Ibovespa, indica o desempenho das ações que possuem o maior volume histórico de negociações na Bolsa de Valores do Brasil nos últimos três anos, sendo o indicador diário de negócios da B3 existente desde 1968. Para compor tal índice, os principais requisitos são: estar entre as empresas de maior Índice de Negociação (IN) da Bolsa nos últimos três anos; ter as ações negociadas em pelo menos 95% dos pregões da Bolsa nos últimos três anos; representar no mínimo 0,1% do total de ações negociadas nos últimos três anos; e não ter sofrido *penny stock*[1] nos últimos três anos. Esses são os principais requisitos, havendo uma série de outros, aplicados principalmente a empresas com *Initial Public Offering* (IPO)[2] recente.

---

1   *Penny stock*: ação com valor inferior a R$1,00.
2   *Initial Public Offering* (IPO): termo em inglês que se refere à primeira vez que uma empresa fará oferta de ações no mercado de capitais.

O grupo de empresas que compõem o Índice Bovespa é atualizado a cada quatro meses, sendo a cotação do índice atualizada a cada trinta segundos durante os dias de pregão, podendo ser acompanhada online pelo site da B3. Em maio de 2022, 92 ações de 89 empresas compunham o índice.

A Tabela 7 apresenta as empresas centenárias que estão listadas na Bolsa de Valores do Brasil. Os valores das ações referem-se a maio de 2022, mês em que as cotações se mantiveram estáveis dentro do portfólio da B3, não obstante os reflexos da guerra patrocinada pela Rússia contra a Ucrânia. São apresentadas 29 empresas listadas na B3, cujo número representa aproximadamente 7% das empresas componentes da Bolsa. Dessas, sete compõem o Ibovespa, destacadas na tabela em negrito. (A Ambev está em negrito e sublinhada, pois se encaixa também em outro elemento explicativo.)

Tabela 7
Empresas centenárias listadas na B3

Empresa	Código B3	Valor da ação	Desde
Alpargatas	ALPA3	19,50	20/07/1977
Cedro Cachoeira	CEDO3	6,98	11/08/1969
Taurus Armas	TASA3	24,03	02/03/1982
CitiBank	CITI	40,54	N/I
Armco	ARMB	?	N/I
Banco do Brasil	BBAS3	33,22	20/07/1977
Bardella	BDLL	11,00	26/11/1969
Ambev	ABEV	14,52	30/10/2013
Brookfield	BKFE	N/I	N/I
Melhoramentos	MSPA	50,01	20/07/1977

Empresa	Código B3	Valor da ação	Desde
Oderich	ODER	N/I	20/07/1977
CPFL	CPFL ENERGIA	36,15	18/05/2000
Dohler S/A	DOHL	19,00	26/12/1973
Droga Raia	RADL3	20,93	20/07/1977
Energisa	ENGI3	15,83	20/12/1995
Excelsior alimentos	BAUH3	108,00	20/07/1977
Gerdau	GOAU3	10,78	17/05/1968
Hering	SOMA	12,48	29/07/2020
Karsten	CTKA	27,50	29/12/1971
Klabin	KLBN3	5,04	06/08/1997
Laboratório Wesp	N/I	N/I	N/I
Light	LIGT3	9,44	12/12/2005
Mate Leão	N/I	N/I	N/I
Mundial	MNDL3	27,18	12/12/1979
Nadir Figueiredo	NAFG3	64,00	1977
Santanense	CTSA	1,82	20/12/1984
Saraiva	SLED3	13,75	20/07/1977
Sulamérica Seguros	SULA	9,55	13/10/2007
Wilson sons	PORT 3	55,89	29/09/2021

FONTE: ELABORADO PELOS AUTORES.

Dentre essas 29 empresas centenárias, cabe observações a 5 delas que estão sublinhadas na Tabela 7:

1. As ações da Hering foram tiradas da Bolsa em 20 de setembro de 2021, após a operação de fusão com o Grupo Soma (SOMA3), perdendo-se o histórico da empresa relativo ao seu vínculo com a entidade de mercado de capitais.

2. A Matte Leão foi adquirida pela Coca-Cola em março de 2007, desde então suas ações não foram mais negociadas na Bolsa.

3. A Nadir Figueiredo foi vendida para o grupo norte-americano HIG Capital, que fechou o capital da empresa no início de 2020 e voltou a abri-lo, por meio de novo IPO em fevereiro de 2021. Seu registro inicial de entrada para a Bolsa é de 1977.

4. A Armco não possui registros de operação desde 2020, quando aparentemente passou a operar exclusivamente na Bolsa norte-americana.

5. A Ambev não é uma empresa centenária, porque foi constituída em 2005 pela fusão das cervejarias Brahma e Antarctica, incorporando, porém, uma série de cervejarias, como Bohemia, Antarctica e Brahma, que já haviam rompido a barreira dos cem anos. Em função desse importante registro histórico, decidimos encaixá-la nesse número.

O propósito desta obra não é abordar o mercado de capitais, mas uma breve introdução a esse universo deixa claro como ele serve à expansão da economia em escala global, permitindo às organizações mais arrojadas o acesso a um volume de capital, de outro modo impossível, capaz de alavancar desenvolvimento e riqueza. Tal arrojo não falta a empresas centenárias, e a tendência é que, cada vez mais, o percentual de empresas longevas aumente entre as listadas na B3.

Questões para refletir:

1. Faça um levantamento histórico sobre as empresas que compõem o Índice Bovespa e registre quanto tempo falta para cada uma atingir a idade centenária.

2. Destacando aquela que está mais próxima de cem anos, quais atributos você considera que foram ou são fundamentais para tal feito?

Breve histórico das empresas centenárias brasileiras

Neste capítulo, você vai ver:

A história de cada uma das empresas longevas selecionadas pelos autores, que, encontradas em múltiplos bancos de dados, nasceram no Brasil ou atuam no país há, pelo menos, cem anos.

O que esperar ao final deste conteúdo?

Reconhecer, por meio de um breve histórico, o percurso das empresas centenárias do Brasil e identificar características e comportamentos saudáveis que podem prolongar a expectativa de vida das organizações.

6.1. Os personagens principais

Empresas centenárias: o que elas têm a nos ensinar? Essa é uma pergunta que temos feito nos últimos anos e que certamente foi feita em vários momentos durante a leitura deste livro. Junto com ela, surgem milhares de outras: como essas empresas conseguiram resistir a toda sorte de acontecimentos que as expuseram aos riscos? Como permanecem sendo lembradas? Longevidade depende da influência do fundador? O sucesso depende da região de atuação? Por que muitos negócios falham e por que há poucas fontes nacionais que investigam isso?

São inúmeros questionamentos para se fazer sobre o sucesso desses empreendimentos, mas há diversas histórias por trás disso tudo, e o segredo delas é que todas são únicas, mas, lá no fundo, possuem fatores em comum e que se complementam. Ao longo deste breve histórico, será possível visualizar as decisões difíceis que algumas dessas empresas longevas já tiveram que tomar; oportunidades que elas aproveitaram; novos ramos de atividade que algumas assumiram, entre outros dados. Estamos falando de organizações que sobreviveram a gerações de contratempos, mas também investiram nas oportunidades, mesmo aquelas com resultados a longo prazo, e não deixaram de se desafiar ao longo dos seus anos de vida.

Você poderá identificar ao longo desta análise que as companhias centenárias, de forma geral, assumiram a responsabilidade de solucionar os problemas que surgiam ao longo da sua existência. Se aparecia uma guerra e faltavam mercadorias, elas tratavam de produzir aquilo que era necessário; se surgiam empresas que necessitavam de um maquinário ou equipamento específico, elas estavam lá para contribuir; se surgiam novos métodos produtivos, elas examinavam as chances de utilização; se surgiam crises econômicas, elas aprendiam a trabalhar de forma enxuta; se apareciam oportunidades de crescimento, elas aproveitavam as ocasiões — e tem sido assim até os dias atuais.

Fato importante sobre o povoamento do território brasileiro e os imigrantes:

É notório e quase impossível não perceber que a maioria dos fundadores das empresas centenárias elencadas neste livro são de origem estrangeira, sendo perceptível também que a maioria dessas empresas longevas possuem origem nas regiões Sudeste e Sul do Brasil.

Não muito distantes das perspectivas atuais em que vivemos, naquela época o país tinha interesses políticos e econômicos sobre a vinda dos povos longínquos. Por isso, a vinda de imigrantes fazia parte de um plano estratégico do país na época imperial, seja para a colonização, seja para a aquisição de mão de obra. A chamada imigração subvencionada foi o ato que o Brasil praticou nesses anos para estimular a vinda de imigrantes, por meio do financiamento de passagens, alojamento e trabalho.

Os imigrantes alemães no Brasil possuíam maior concentração nas regiões ao sul do Brasil e isso se deu pelo sistema de colonização naquela época, o qual desenvolvia a ideia de os colonos conquistarem terras e povoarem os territórios, que eram chamados de núcleos de colonização.

Os povos italianos vinham em grande número para o Brasil nesse período de imigração subvencionada e eram direcionados principalmente para as fazendas de café em São Paulo e para os núcleos de colonização no Sul, já povoados pelos alemães. Por isso, outras regiões se tornaram foco dos italianos, como Minas Gerais, Espírito Santo e outras menos investidas no Sul.

Na sequência, separamos uma listagem de empresas com algumas de suas características principais. As informações básicas que procuramos destacar neste breve histórico foram: ano de fundação da empresa, nome e país de origem do fundador, local de fundação da empresa, ramos de atividade inicial e atual, e faturamento ou capital social investido. As informações foram obtidas de relatórios anuais, em sites institucionais das empresas centenárias e reportagens a respeito delas. Algumas organizações de pequeno porte, ou cuja natureza jurídica não determina a publicação de informações aos interessados, não possuem extensos históricos.

O objetivo desta listagem é verificar o percurso das empresas centenárias no Brasil e demonstrar que o sucesso dessas companhias em anos anteriores não garante a sua permanência no mercado atual ou no futuro, pois, como dissemos em alguns capítulos atrás, os métodos das empresas longevas não são meramente como receitas de bolo. Porém, o histórico dessas empresas de sucesso facilita o processo para absorção de boas práticas dessas organizações que já chegaram tão longe.

1. Alpargatas

- ◆ Fundação: 3 de abril de 1907
- ◆ Ramo de atividade inicial: Têxtil
- ◆ Ramo de atividade atual: Têxtil
- ◆ Capital: Aberto

Empresa criada pelo escocês Robert Frazer e um grupo de ingleses no bairro da Mooca, em São Paulo, a Alpargatas iniciou suas atividades produzindo sandálias para trabalhadores das lavouras, porém, diante da Primeira e da Segunda Guerra Mundial, da gripe espanhola e da queda da Bolsa de Valores de Nova York, deparou-se com a oportunidade de diversificar seus produtos, chegando a produzir barracas, mochilas e até mesmo fardas para os soldados, calças jeans e, finalmente, os famosos tênis Conga e as sandálias Havaianas.

Nos anos 1910, a Alpargatas já estava presente na Bolsa de Valores de São Paulo; nos anos 1940, a empresa mostrou se importar com os direitos trabalhistas; nos anos 1970, já tinha ideais de responsabilidade social e em toda sua existência provou estar antenada às novidades globais. Ao final do século XX, a empresa investiu na internacionalização, adquirindo uma penetração global, principalmente pela aceitação indistinta de seu produto principal, as sandálias Havaianas, ícone de marketing e vendas em escala mundial.

2. Amadeo Rossi

- ◆ Fundação: 1889
- ◆ Ramo de atividade inicial: Metalúrgico (utensílios agrícolas e domésticos; armas de fogo)
- ◆ Ramo de atividade atual: Armas para Airsoft
- ◆ Capital: Aberto

Amadeo Rossi, imigrante italiano com ofício de metalurgia, fundou a empresa em Caxias do Sul-RS no ano de 1889. A empresa começou suas atividades produzindo utensílios domésticos, materiais agrícolas e artigos de montaria. A partir de 1918, o fundador e seus familiares passaram a produzir armamentos de caça e explosivos. A partir de 1932, passou a focar quase que exclusivamente a produção de armamentos bélicos, sendo que, durante a Segunda Guerra

Mundial, tornou-se fornecedora exclusiva do exército brasileiro, que havia entrado no conflito. Com a produção de rifles, espingardas e outros tipos de armas de fogo, a empresa ganhou notoriedade mundial.

Ao término da guerra, Amadeo Rossi recebeu o título de cidadão brasileiro pelos serviços prestados à pátria. As armas de fogo foram o carro-chefe da organização até o ano 2000, quando o controle acionário foi adquirido pela Taurus Armas, passando a atuar na importação e na distribuição de armamentos para Airsoft.

3. Armco Staco

- ◆ Fundação: 1914

- ◆ Ramo de atividade inicial: Metalúrgico (tubos de aço para saneamento)

- ◆ Ramo de atividade atual: Soluções em aço para construção viária, saneamento e mineração

- ◆ Capital: Aberto

A Armco possui origem norte-americana, tendo iniciado as operações no Brasil em 1914. Não há dados expostos sobre o fundador. Embora essa empresa tenha permanecido em seu ramo de atuação inicial, conseguiu dominar grandes oportunidades de mercado ao longo de sua trajetória centenária, sempre voltadas para sua atividade principal. Por meio de aquisições nacionais e internacionais, a Armco atualmente atende a diversos espaços de infraestrutura — ramo petroleiro, segurança viária, setor agrícola, eletrificação e galvanização.

4. Associação Comercial de São Paulo (ACSP)

- ◆ Fundação: 1894

- ◆ Ramo de atividade inicial: Defesa dos interesses dos empreendedores

- ◆ Ramo de atividade atual: Defesa dos interesses dos empreendedores

- ◆ Capital: Fechado

Entidade municipal criada diante da oportunidade de gerenciar interesses das recém-nascidas empresas da cidade de São Paulo, a ACSP assume até os dias atuais o papel de representação dos empreendimentos paulistas. Hoje, seus serviços variam entre a facilitação de processos burocráticos de junta comercial, certificação digital, até serviços personalizados com clubes de descontos, bancos de dados e associações para mulheres empreendedoras.

5. Azevedo Bento (AZB)

- ◆ Fundação: 9 de abril de 1855

- ◆ Ramo de atividade inicial: Importação e beneficiamento de sal

- ◆ Ramo de atividade atual: Beneficiamento de sal

- ◆ Capital: Fechado

Trata-se da empresa em atividade mais antiga do Rio Grande do Sul. Inicialmente foi denominada de Macedo, Irmão e Azevedo. Hoje, com o nome de Azevedo Bento, permanece em Porto Alegre desde sua fundação. Sua atividade inicial, que era a importação de sal, para suprir o mercado do Rio Grande do Sul, sofreu uma mudança substancial a partir de 1920, quando o sal importado foi gradativamente substituído pelo sal nacional produzido no Rio Grande do Norte. A partir daí a empresa passou a focar o beneficiamento do sal, que chega a Porto Alegre em cargas de navio.

Ao longo dos anos, a empresa se especializou e se consolidou nos três segmentos do negócio do sal: consumo humano, nutrição animal e uso industrial. Não obstante a idade e o porte, os produtos da empresa possuem caráter regional, sendo comercializados apenas nos estados do Rio Grande do Sul e de Santa Catarina.

6. Banco Citibank S.A.

◆ Fundação: 1915

◆ Ramo de atividade inicial: Negócios bancários

◆ Ramo de atividade atual: Negócios bancários

◆ Capital: Aberto

A história do Citibank começou em Nova York nos Estados Unidos. O banco foi criado por um grupo de comerciantes em 1812. Pouco mais de cem anos depois, o Citibank fundou uma instituição financeira do grupo no Brasil e hoje está presente em 96 países. No primeiro semestre de 2020, registrou um lucro líquido de mais de R$700 milhões, enquanto o grupo ao todo percebeu um lucro líquido de mais de R$11 bilhões.

7. Banco do Brasil

- ◆ Fundação: 31 de agosto de 1853
- ◆ Ramo de atividade inicial: Negócios bancários
- ◆ Ramo de atividade atual: Negócios bancários
- ◆ Capital: Aberto

A história da fundação do Banco do Brasil é um tanto controversa. Na página oficial do Banco, considera-se 1808 como o ano de fundação, sendo esse um dos primeiros atos de Dom João VI. Todavia, em um documento do Memória da Administração Pública Brasileira (Mapa) consta a data de 31 de agosto de 1853, sendo o Banco constituído a partir da fusão do Banco Comercial do Rio de Janeiro, fundado em 1838, e do Banco do Brasil, fundado por Irineu Evangelista de Souza, o Barão de Mauá, em 1851. O Banco do Brasil fundado por Dom João VI de fato existiu, porém foi liquidado em 1929, não havendo razão de continuidade entre os dois bancos de mesmo nome.

De todo modo, tanto o primeiro quanto o segundo Banco do Brasil tinham como função principal a regulação monetária do Estado, por meio da emissão de papel-moeda e controle do crédito. Posteriormente a emissão de moeda passou à Casa da Moeda, permitindo ao Banco do Brasil sua trajetória de banco comercial, tornando-se nas últimas décadas do século XIX o maior fornecedor de empréstimos e captador de créditos do país. A própria abolição da escravidão se tornou uma oportunidade para o Banco do Brasil, assim como outros acontecimentos externos também foram — e ainda são — desafiadores para esse ramo de atividade, tais como as flutuações de preços de mercadorias e a variação constante da moeda, causadas por crises econômicas e mudanças políticas. Embora o Banco do Brasil seja uma empresa de economia mista (estatal e privado), não deixou de ser atingido pelos contratempos como muitas outras empresas que já existiram no Brasil, mas, como poucas, não só atingiu a marca centenária, mas também tornou-se bicentenário — sob certo ponto de vista.

8. Badische Anilin & Soda Fabrik (BASF)

- ◆ Fundação: 1911

- ◆ Ramo de atividade inicial: Químico

- ◆ Ramo de atividade atual: Químico

- ◆ Capital: Fechado

A história da BASF começou em 1865 na Alemanha, quando o fundador Friedrich Engelhorn, diante de uma novidade de negócio no mercado de químicos, aproveitou-se de uma empresa que ele já tinha para desenvolver essa empresa química. Inicialmente a BASF produzia corantes provenientes do alcatrão do carvão, desfrutando da novidade de mercado, mas o novo produto não substituía aqueles que já existiam. Ainda em 1868, a BASF contratou um químico especialista e assim conseguiu fabricar produtos exclusivos da empresa.

Ao longo de toda história da organização, é possível perceber a ambição e o investimento em laboratórios de pesquisa para desenvolvimento dos produtos, além de a empresa ter como estratégia dominar todo processo produtivo, controlando a aquisição de matéria-prima, a criação dos próprios catalisadores químicos, entre outros fatores do processo produtivo, de forma a não depender de outros fornecedores. A BASF iniciou suas operações no Brasil em 1911, quando começou a comercializar seus produtos, especificamente no Rio de Janeiro, permanecendo até hoje com intensa atividade no território nacional.

9. Batavo

- ◆ Fundação: 1911
- ◆ Ramo de atividade inicial: Laticínios
- ◆ Ramo de atividade atual: Laticínios
- ◆ Capital: N/A

O início das operações da Batavo remonta à chegada das primeiras famílias holandesas a Carambei, município do norte do Paraná, em 1911. Essas famílias trouxeram consigo os conhecimentos relativos à atividade leiteira e, desde o início, os colocaram em prática, notabilizando-se como produtores de leite e derivados que abasteciam os mercados dos estados do Paraná e de São Paulo. A marca, hoje tão conhecida, só começou a ser utilizada em 1928, e, por conta disso, muitos não a consideram centenária.

A Cooperativa Batavo passou por diversos momentos em sua existência, desde o domínio majoritário sobre as ações pela Parmalat, passando pela incorporação pela Perdigão e, posteriormente pela BRF. Em 2014, ocorreu a venda para a francesa Lactalis, dona das marcas President, Itambé, Parmalat, Elegê e muitas outras. Por motivos comerciais, após sua venda para a Lactalis, a empresa Batavo alterou o nome fantasia para Cooperativa Frísia e ampliou seu portfólio de produtos no ramo de grãos, cultivo e beneficiamento de madeira e produção de suínos, permanecendo ainda na produção de leite e contando com um capital social de mais de R$300 milhões e um faturamento em 2020 de R$3,713 bilhões.

10. Bela Vista

- ◆ Fundação: 1915
- ◆ Ramo de atividade inicial: Alimentício
- ◆ Ramo de atividade atual: Alimentício
- ◆ Capital: Fechado

A Bela Vista iniciou suas atividades em 1915 e ganhou esse nome por conta do bairro de São Paulo no qual se localizava, dedicando-se, inicialmente, a produzir doces caseiros. Com menos de 25 anos, foi vendida e mudou-se para uma fábrica maior. Seu comprador, Joaquim Maria de Almeida, que antes era vendedor dos doces Bela Vista, reuniu-se com mais dois sócios e adquiriu a empresa, comprando após certo tempo a parte de seus sócios. Hoje, a empresa permanece em família.

A venda da empresa possibilitou a ampliação de seu mix de produtos, passando a produzir biscoitos, os quais a fizeram ser reconhecida em 2014 como a quinta maior exportadora de biscoitos no Brasil. Hoje, a Bela Vista tem um capital social de mais de R$8 milhões.

11. Bardella

- ◆ Fundação: 1911
- ◆ Ramo de atividade inicial: Metalúrgico
- ◆ Ramo de atividade atual: Metalúrgico
- ◆ Capital: Aberto

Fundada pelo imigrante italiano Antonio Bardella, essa empresa centenária começou suas atividades produzindo grades para janelas, fogões e jardins. Antes do desenvolvimento econômico industrial no Brasil, seu fundador já estava atento às necessidades das outras indústrias. Diante das dificuldades durante a Primeira Guerra Mundial, houve a necessidade da maximização da produção de bens fabricados no próprio país, fazendo com que Antonio Bardella construísse a primeira ponte rolante do Brasil em sua fábrica. Desde então, seu eixo de negócio se baseou na necessidade dos clientes, cujo principal problema, naquela época, era a importação de equipamentos do exterior.

A Bardella, como muitas empresas centenárias que já passaram pelo mesmo, encontra-se em recuperação judicial diante das crises econômicas, políticas e sanitárias que se avolumaram nos últimos anos.

12. Biehl

- ◆ Fundação: 1871
- ◆ Ramo de atividade inicial: Metalúrgico
- ◆ Ramo de atividade atual: Metalúrgico
- ◆ Capital: Fechado

A empresa foi criada por imigrantes alemães em 1871, em São Leopoldo, nas proximidades de Porto Alegre-RS, funcionando inicialmente como uma ferraria. Ao longo do tempo, foi aumentando seu portfólio e hoje, além dos produtos originais, fabrica ferramentas e utensílios, tanto domésticos quanto para jardinagem. Passou nos últimos anos por uma reestruturação interna, trabalhando agora com uma filosofia enxuta para maximizar a produção e adaptando-se à nova realidade empresarial e econômica do Brasil.

13. Bohemia

- ◆ Fundação: 1853

- ◆ Ramo de atividade inicial: Cervejaria

- ◆ Ramo de atividade atual: Cervejaria

- ◆ Capital: Aberto

Criada em 1853, a Bohemia, primeira cervejaria do Brasil, foi fundada na cidade de Petrópolis por Henrique Leiden, mas só se desenvolveu nas mãos do seu segundo dono, Henrique Kremer, responsável por sua expansão. Na década de 1990, a empresa foi adquirida pela Cia. Antarctica Paulista, migrando sua produção de Jacarepaguá, no Rio de Janeiro, para Jaguariúna, interior de São Paulo. Em 1999, a Antarctica e a Brahma realizaram uma fusão, criando a Ambev, que desde então é quem exerce o controle da marca Bohemia. Atualmente, a antiga fábrica de Petrópolis é utilizada como museu para visitação.

A Bohemia iniciou como uma empresa, mas sua marca tornou-se mais do que as próprias estruturas organizacionais, tanto que, mesmo após os anos se passarem, a marca centenária permanece; sua marca tornou-se viva e fácil de ser lembrada.

14. Brookfield

- ◆ Fundação: 17 de julho de 1889

- ◆ Ramo de atividade inicial: Energia

- ◆ Ramo de atividade atual: Gestão de investimentos
- ◆ Capital: Aberto

As histórias da Brookfield e da Light se confundem por quase um século. A empresa original foi fundada em 1899 por investidores canadenses e brasileiros, a São Paulo Tramway, Light and Power Company, com a finalidade de geração de energia elétrica e operação de bondes em São Paulo. Com o sucesso da operação paulista, em 9 de julho de 1904 foi fundada a Rio de Janeiro Tramway, Light and Power Company pelo mesmo grupo de acionistas.

Tendo sua vocação vinculada aos negócios de geração de energia e transporte de bondes, a partir de 1912 a empresa passa a investir em ativos imobiliários em escala global, dando uma guinada em seu modelo de negócio. Gradativamente foi liquidando a Light, cuja operação carioca foi adquirida pelo governo federal por volta do ano de 1970 e a operação paulista pelo governo do Estado, criando assim a Eletropaulo. Nessa época, o grupo controlador havia mudado o nome original da empresa para Brascan, sob a qual mantinham as empresas de eletricidade e os negócios de investimento imobiliário. A partir de 2009, passou a adotar o nome de Brookfield.

Atualmente a empresa está presente em mais de trinta países e é uma gestora de investimentos, tendo atividades nas áreas imobiliária, de energia renovável, de infraestrutura, de *private equity* (investimentos privados e próprios em empresas com potencial de crescimento), entre outros. Apenas no Brasil, a Brookfield possui aproximadamente R\$77 bilhões em ativos sob sua gestão.

15. Bunge

- ◆ Fundação: 1905

- ◆ Ramo de Atividade inicial: Grãos e oleaginosas

- ◆ Ramo de atividade atual: Agronegócio, açúcar, bioenergia e alimentos

- ◆ Capital: Fechado

A empresa foi fundada em Amsterdã, Holanda, em 1818, mas foi em 1905 que a Bunge iniciou suas atividades em território brasileiro como sócia de um moinho localizado em Santos-SP. Alguns anos depois, após a aquisição de outra empresa, a Bunge investe em oleaginosas, sendo a pioneira na fabricação de óleos vegetais comestíveis. Ao longo dos seus anos de existência do Brasil, a Bunge adquiriu outras empresas que, curiosamente, não tinham relação com sua atividade de fundação. Com isso, suas atividades variaram de exploração de calcário, fertilização, exportação de algodão, alimentos, cana-de-açúcar, bioenergia e agronegócio. Algumas de suas marcas são conhecidas pelos brasileiros, tais como Soya, Primor e Predilecta.

Segundo a *Revista IstoÉ Dinheiro* (2021), no primeiro trimestre de 2020 a empresa apresentou prejuízo líquido de US$184 milhões, mas no mesmo período de 2021 conseguiu reverter o prejuízo, registrando lucro líquido de US$831 milhões.

16. Café Lamas

- Fundação: 1875

- Ramo de Atividade inicial: Restaurante

- Ramo de atividade atual: Restaurante

- Capital: Fechado

Empreendimento que leva até os dias atuais o sobrenome do seu fundador, o Café Lamas já foi espaço de muitas figuras conhecidas, tais como Getúlio Vargas, Dercy Gonçalves, Juscelino Kubitschek e Chacrinha. O restaurante centenário de pequeno porte mostra que não é preciso um grande empreendimento para ser lembrado pela sociedade e fazer parte da história, seguindo até os dias atuais impactando com suas histórias e suas tradições.

17. Casa Augusto

- Fundação: 1882

- Ramo de atividade inicial: Comércio de couros

- Ramo de atividade atual: Comércio de couros

- Capital: N/A

A empresa foi fundada pelo alemão August Hecktheuer em Porto Alegre-RS nos anos de 1882. August era mestre sapateiro e percebeu que aquele era o local ideal para pôr em prática suas habilidades. Desde os primeiros dias, especializou-se em artigos de couro e, de geração em geração, sempre no centro de Porto Alegre, acabou remodelando seus negócios, ampliando seu portfólio de produtos e priorizando o consumidor final. Tendo chegado à quarta geração, por falta de uma possibilidade de transição familiar, o último dos "Augustos", em consonância com os demais familiares, resolveu encerrar voluntariamente, em 5 de junho de 2020, as atividades.

18. Casa Cavé

- ◆ Fundação: 5 de março de 1860
- ◆ Ramo de atividade inicial: Confeitaria
- ◆ Ramo de atividade atual: Confeitaria

Criada pelo francês Charles Auguste Cavé em 1860, a Casa Cavé é uma confeitaria localizada no centro do Rio de Janeiro, sendo considerada a pioneira nesse ramo na cidade. O empreendimento já registrou momentos marcantes com figuras icônicas, tais como Tarsila do Amaral e Carlos Drummond de Andrade, e segue até hoje como patrimônio histórico da cidade.

19. Casa da Bóia

- ◆ Fundação: 1898
- ◆ Ramo de atividade inicial: Comércio
- ◆ Ramo de atividade atual: Comércio
- ◆ Capital: Fechado

Criada pelo imigrante sírio Rizkallah Jorge Tahan, a Casa da Bóia está presente no centro de São Paulo desde 1898 produzindo cobre e metais não ferrosos. Ainda no seu início, produzia especificamente peças de decoração em cobre, mas, diante de uma oportunidade de negócio, avistou a chance de fabricar canos, conexões, boias de caixa d'água, entre outros produtos que a tornaram conhecida. Atualmente, a empresa familiar, dirigida pelo neto do criador, revende produtos hidráulicos e permanece no seu local inicial, onde também foi criado um museu em homenagem ao fundador.

20. Casa da Moeda

- ◆ Fundação: 8 de março de 1694
- ◆ Ramo de atividade inicial: Fabricação de moedas
- ◆ Ramo de atividade atual: Fabricação de meio circulante, passaportes e medalhas
- ◆ Capital: N/A

Empresa estatal criada em 1694 pelos colonizadores portugueses e instalada no Nordeste brasileiro com o único objetivo de gerar uma moeda para circular no Brasil. Inicialmente fabricava moedas de ouro, quando a matéria-prima ainda era farta no território, mas durante seus longos anos de existência a Casa da Moeda não só expandiu suas instalações como também ampliou o seu portfólio, fazendo cédulas, moedas, passaportes e medalhas.

Atualmente, é vinculada ao Ministério da Fazenda e se localiza no Rio de Janeiro, no bairro de Santa Cruz, num complexo industrial de grandes proporções, figurando como um dos maiores e mais modernos do mundo dentro desse ramo de atividade, capaz de atender não apenas às demandas internas como também às externas. Nesse âmbito, a empresa tem como clientes os governos dos seguintes países: Argentina, Paraguai, Uruguai, Costa Rica, Angola e Venezuela.

21. Casa Falci

- Fundação: 1908
- Ramo de atividade inicial: Comércio de materiais de construção
- Ramo de atividade atual: Comércio de materiais de construção
- Capital: Fechado

Inicialmente fundada no Rio de Janeiro pelo italiano Aleixo Falci, a Casa Falci, antes denominada La Bella Venezia, é um comércio de materiais para construção desde sua fundação. Localizada atualmente em Belo Horizonte-MG, para onde se transferiu por volta da fundação dessa cidade — aproveitando a oportunidade de estar presente numa grande cidade a ser construída —, a empresa cresceu e fez história, chegando a ter cinco filiais em Minas Gerais.

A Casa Falci se desenvolveu e diferenciou-se ao longo de sua história de longevidade por meio da importação de materiais europeus, que na época eram de difícil acesso. Hoje, segue na quarta geração da família fundadora e, forçada pela necessidade de enxugamento, em função da retração do mercado da construção civil, mantém apenas um estabelecimento em Belo Horizonte.

22. Casa Paladino

- Fundação: 1906
- Ramo de atividade inicial: Bar/restaurante
- Ramo de atividade atual: Bar/restaurante
- Capital: N/A

A empresa longeva iniciou suas atividades em 1906 no Rio de Janeiro, local em que ainda está localizada, mantendo a tradição e a história como pontos fortes da sua estrutura. Inicialmente funcionava como um bar e hoje atua como bar e armazém. Não há indícios de internacionalização; o capital social da empresa é de R$82 mil e hoje a Casa Paladino é gerenciada por amigos-sócios.

23. Casa Salles

- ◆ Fundação: 1881

- ◆ Ramo de atividade inicial: Armas e munições

- ◆ Ramo de atividade atual: Armas e munições

- ◆ Capital: N/A

A Casa Salles foi fundada por João de Salles Pereira e é uma empresa familiar que comercializa armas desde sua fundação, em 1881, no município de Ouro Preto-MG. Seu capital social é de R$50 mil reais, utilizado para investimentos da companhia. Seus principais produtos comercializados continuam sendo as armas e as munições, mercadorias que formam a principal fonte de lucro desse comércio, hoje localizado em Belo Horizonte-MG. Mas a loja também abrangeu seu portfólio para a comercialização de materiais para camping.

24. Casas Pernambucanas

- ◆ Fundação: 1908

- ◆ Ramo de atividade inicial: Têxtil

- ◆ Ramo de atividade atual: Têxtil e utilidades domésticas

- ◆ Capital: Fechado

A história dessa empresa se inicia no Nordeste brasileiro numa época em que as exportações estavam à tona. Quando seu fundador Herman Theodor Lundgren estava idealizando a empresa, verificou que algumas regiões do Brasil já estavam saturadas. Foi quando a Pernambucanas se instalou em Recife-PE no ano de 1908 e, desde então, tem se desenvolvido disparadamente para outras regiões.

O histórico do fundador das Casas Pernambucanas como empresário começou bem antes das atividades têxteis, mas foi apenas no século XX que o foco empresarial foi direcionado para o ramo atual. Com capital social de R$670 milhões de reais, a empresa centenária comprova que a morte do fundador não é motivo de falência da companhia, pois Herman infelizmente faleceu ainda no início das atividades, que se tornariam um sucesso, sendo a empresa assumida pelos seus familiares.

25. Castelo Alimentos S.A.

- ◆ Fundação: 1905

- ◆ Ramo de atividade inicial: Bebidas e vinagres

- ◆ Ramo de atividade atual: Alimentos

- ◆ Capital: Fechado

Antes denominada Destilaria Ypiranga, a Castelo Alimentos S.A. iniciou suas atividades em 1905, em São Paulo-SP, produzindo vinagres, vinhos, xaropes e licores. Com a morte do seu fundador, Victorino Ferreira da Costa, a empresa se viu em declínio na gestão dos familiares, então os próprios clientes e fornecedores viram oportunidade de negócio. Foi quando a empresa saiu de São Paulo e se instalou em Jundiaí-SP pelos seus novos compradores, produzindo exclusivamente vinagres.

Somente em meados de 1990 a Castelo, com um capital social de R$60 milhões de reais, ampliou suas atividades e se tornou uma indústria de alimentos, vindo posteriormente a criação de um laboratório de pesquisas, a exportação de produtos para diversos países ao redor do mundo e as participações especiais em mídias televisivas. Nomeada dentro dos últimos cinco anos como uma das cem pequenas e médias empresas que mais crescem no Brasil pela *Revista Exame* e uma das 1 mil empresas que mais crescem de acordo com a *IstoÉ Dinheiro*.

26. Catupiry

- ◆ Fundação: 1911
- ◆ Ramo de atividade inicial: Alimentos
- ◆ Ramo de atividade atual: Alimentos
- ◆ Capital: N/A

Empresa de fundadores vindos da Itália, a Catupiry está presente no Brasil desde 1911, quando em Lambari-MG o casal Mário e Isaíra Silvestrini começou a fabricar o primeiro requeijão cremoso do Brasil. Após alguns anos de existência, a Catupiry muda sua sede para São Paulo, onde está presente até os dias atuais. E, embora tenha permanecido na sua atividade inicial, a produção de requeijão cremoso, ampliou seu portfólio para diversos produtos do ramo alimentício com base no seu produto principal.

Com um capital social de R$6 milhões, a Catupiry é um produto, mas tornou-se oficialmente uma marca em 1999 pelo Instituto Nacional de Propriedade Industrial (Inpi). Hoje, o nome dessa marca é tão forte que até mesmo a concorrência o utiliza para identificar o requeijão cremoso.

27. Cedro Textil

♦ Fundação: 1872

♦ Ramo de atividade inicial: Têxtil

♦ Ramo de atividade atual: Têxtil

♦ Capital: Aberto

Fundada em 1872 pelos irmãos Bernardo, Caetano e Antônio Cândido Mascarenhas, a Companhia de Fiação e Tecidos Cedro e Cachoeira foi a segunda empresa sociedade anônima no Brasil. Passou por diversos episódios do país e do mundo, como abolição da escravidão, proclamação da república, revoltas políticas e sociais, manifestações operárias, guerras, entre outros cenários caóticos, tais como o mais atual, a pandemia da Covid-19, que desacelerou o varejo de vestuário no ano de 2020.

Permaneceu no ramo têxtil e assim permanece até os dias atuais, mas segue com um amplo portfólio, abrangendo até mesmo a fabricação de equipamentos de proteção individual (EPI) e de uniformes profissionais. Há mais de dez anos, a Cedro Têxtil utiliza sistemas de melhoria contínua e ferramentas de gestão, tais como Sistema Lean e Kaizen. Segundo seus administradores, a concretização das suas ações estratégicas tem sustentado a longa existência dessa empresa centenária.

28. Caixa Econômica Federal (CEF)

- Fundação: 1861
- Ramo de atividade inicial: Instituição financeira
- Ramo de atividade atual: Instituição financeira
- Capital: Fechado

Empresa pública fundada em 1861 pelo Imperador Dom Pedro II com o nome de Caixa Econômica e Monte de Socorro, revelando desde o início sua vocação em possibilitar empréstimos a juros mais baixos, sob penhor, à população menos favorecida e incentivando ao mesmo tempo a poupança. Vinculada ao Tesouro Nacional e parte do Sistema Financeiro Nacional, atualmente a CEF é o maior banco público da América Latina e detém o controle das contas sociais do governo, como Fundo de Garantia por Tempo de Serviço (FGTS), Programa de Integração Social (PIS), Sistema Financeiro da Habitação (SFH), entre outros.

29. Cervejaria Brahma

- Fundação: 1888
- Ramo de atividade inicial: Cervejaria
- Ramo de atividade atual: Cervejaria
- Capital: Aberto

Fundada em 1888 no Rio de Janeiro-RJ como Cerveja Brahma Villiger & Companhia pelo suíço Joseph Villiger e os brasileiros Paul Fritz e Ludwig Mack, a Brahma surge como uma das primeiras cervejarias a produzir chope no Brasil, muito apreciado desde a época. Com o tempo, consolidou-se com um mix considerável de produtos e a marca de cerveja *top of the mind* no Brasil. Em 1998, inicia o processo de internacionalização, exportando o chope Brahma para a Europa. Em 2000, a partir da fusão com a Cervejaria Antártica, passa a fazer parte da Ambev, hoje o maior grupo cervejeiro do mundo.

30. Cia. União

- ◆ Fundação: 1910
- ◆ Ramo de atividade inicial: Alimentos (açúcar)
- ◆ Ramo de atividade atual: Alimentos (açúcar)
- ◆ Capital: N/A

Criada em São Paulo por irmãos italianos que vieram ao Brasil em 1910, essa empresa centenária passou por inúmeras mudanças de gestão ao longo de sua existência. Hoje é mais conhecida pela sua marca, cuja patente está registrada pelo Instituto Nacional de Propriedade Industrial (Inpi). Atualmente sua detentora é a empresa Camil, também controladora de outras marcas famosas de grãos, açúcar e pescados, tanto em âmbito nacional como também ao redor da América Latina. O fato de ter sido vendida e ser reconhecida como uma marca não extingue o fato de a Cia. União ter cravado sua história ao longo do tempo com seu produto principal, o açúcar.

31. Cine Gracher

- ◆ Fundação: 1915
- ◆ Ramo de atividade inicial: Sala de cinema
- ◆ Ramo de atividade atual: Sala de cinema
- ◆ Capital: N/A

Essa empresa centenária foi fundada em 1915 por Carlos Gracher em Brusque-SC. Desde a época em que os filmes eram mudos e logo após a chegada de energia elétrica na cidade de fundação, o Cine Gracher está presente até hoje na região Sul do Brasil. Empresa familiar, o Cine Gracher, com capital social de R$3 milhões, já passou por vários nomes e estruturas, sendo conhecido ao longo das épocas como Cine Esperança, Cine Guarany, Cine Real, Cine Teatro Real e, finalmente, Cine Gracher, em homenagem ao seu fundador e à família Gracher.

32. Cini

- ◆ Fundação: 1904
- ◆ Ramo de atividade inicial: Bebidas
- ◆ Ramo de atividade atual: Bebidas
- ◆ Capital: Fechado

O sobrenome de seu fundador deu origem ao nome dessa empresa de refrigerantes. Ezígio Cini, imigrante italiano, instala-se em São José dos Pinhais-PR no ano de 1904 para o início da produção de bebidas. Organização de caráter familiar, a Cini possui hoje um capital social de mais de R$2 milhões e segue na fabricação de bebidas.

33. Confeitaria Colombo

- ◆ Fundação: 1894
- ◆ Ramo de atividade inicial: Confeitaria
- ◆ Ramo de atividade atual: Confeitaria/Restaurante
- ◆ Capital: N/A

Hoje considerada patrimônio histórico do Rio de Janeiro, a Confeitaria Colombo, fundada por Manoel Lebrão e Joaquim Borges de Meireles, imigrantes portugueses, no ano de 1894, tem uma rica história para contar. Foi frequentada por figuras importantes, tais como Olavo Bilac, Getúlio Vargas, Rui Barbosa, dentre outros artistas e políticos influentes da época. Empresa tradicional, segue com suas atividades como restaurante em duas regiões do Rio de Janeiro e conta com um capital social de R$2,3 milhões.

34. Colégio Dante Alighieri

- ◆ Fundação: 1911

- ◆ Ramo de atividade inicial: Educação

- ◆ Ramo de atividade atual: Educação

- ◆ Capital: N/A

Fundado em 1911, o Instituto Médio Ítalo-Brasiliano Dante Alighieri, como era chamado inicialmente, surgiu em São Paulo. Essa organização foi criada por Rodolfo Crespi, imigrante italiano, com o objetivo de fortalecer a cultura italiana entre outros imigrantes daquela época. Certamente a atitude do fundador dessa empresa foi decisiva para seu sucesso centenário, pois, segundo o Instituto Brasileiro de Geografia e Estatística (2020), os anos entre 1870 e 1920 foram de altos índices de imigrantes no Brasil, em sua maioria italianos. Ainda conforme o IBGE (2020), de 3,3 milhões de pessoas, 1,4 milhões eram vindas da Itália, e São Paulo era um dos locais propícios ao recebimento desses imigrantes, sendo considerada no século XX como "cidade italiana", pois nos centros urbanos da cidade havia uma forte concentração de italianos, que chegaram a ocupar 90% de 50 mil trabalhadores em espaços fabris em 1901.

35. Cia. Melhoramentos

- ◆ Fundação: 1890
- ◆ Ramo de atividade inicial: Papeleira
- ◆ Ramo de atividade atual: Fibras, florestal, editorial e patrimônios
- ◆ Capital: Aberto

Criada pelo paulistano Antônio Proost Rodovalho, ou Coronel Rodovalho, a Companhia Melhoramentos foi um dos seus maiores investimentos. Em 1890, após a vinda das duas primeiras máquinas de fabricação de papel, inicia-se a história dessa empresa centenária. Com alguns anos de existência, a Companhia Melhoramentos ainda estava envolta com problemas de infraestrutura, como a falta de energia, que logo foi solucionada por essa empresa longeva por meio da plantação de eucaliptos, de uma barragem e de uma usina de energia elétrica para que suas atividades se desenvolvessem.

Com a aquisição de uma empresa editora, a Melhoramentos começa sua história nos livros. Com capital social de mais de R$153 milhões, a Melhoramentos não é uma empresa com apenas uma área de atuação, pelo contrário, ela atua hoje em quatro nichos: editorial, fibras, florestal e patrimônios, todos voltados, de alguma forma, para o desenvolvimento de infraestrutura da sociedade.

36. Conservas Oderich S.A.

- Fundação: 1908

- Ramo de atividade inicial: Alimentos

- Ramo de atividade atual: Alimentos

- Capital: Aberto

Fundada em 1908 por Carlos Oderich, filho de imigrantes alemães, a Oderich iniciou suas atividades no interior do Rio Grande do Sul no ramo de enlatados, no qual foi pioneira no Brasil. Com a constante perspectiva de manter os negócios na família, a Oderich preserva o sobrenome da família fundadora na diretoria até os dias atuais. Empresa de capital aberto na Bolsa de Valores, essa companhia centenária manteve suas atividades originais, mas ampliou o portfólio para condimentos e conservas, tendo hoje presença em mais de sessenta países.

37. Cooperativa Santa Clara

- Fundação: 1912

- Ramo de atividade inicial: Laticínios

- Ramo de atividade atual: Laticínios, rações e carnes

- Capital: N/A

Fundada na região de Santa Clara-RS por meio da união de 31 agricultores, a Cooperativa Santa Clara se tornou uma empresa em 1912 produzindo laticínios. Nessa época, o movimento cooperativista no Brasil estava em alta, principalmente nas colônias alemãs e italianas.

Setenta anos após sua fundação, a Cooperativa Santa Clara constrói um frigorífico e passa a comercializar embutidos e carnes.

38. Companhia Paulista de Papéis e Artes Gráficas (Copag)

- ◆ Fundação: 1908
- ◆ Ramo de atividade inicial: Gráfica
- ◆ Ramo de atividade atual: Cartas para baralho e jogos
- ◆ Capital: Fechado

Fundada em São Paulo pelo imigrante português Albino Dias Gonçalves em 1908, o empreendimento, inicialmente chamado de Albino Gonçalves e Cia., era apenas uma empresa que importava baralhos e atuava como gráfica, produzindo papelaria. O nome Copag surgiu quando essa organização centenária assumiu a função de produzir cartas para baralho, sendo nomeada de Companhia Paulista de Papéis e Artes Gráficas — a Copag.

Passou por momentos de crise e períodos desafiadores para sua atividade principal, como quando em 1946 foram proibidos os jogos de cassino no Brasil, mas superou o obstáculo, mesmo que o Brasil ainda não seja adepto aos jogos. Atualmente, a organização tem como *Chief Executive Officer* (CEO) desde 2019 Ana Carolina Gonçalves e pertence ao grupo Cartamundi, empresa sediada na Bélgica detentora de mais de dez outras marcas de jogos e cartas, possibilitando que essa marca de origem brasileira seja conhecida em cassinos e em lojas estrangeiras.

39. Companhia Valença Industrial

◆ Fundação: 1844

◆ Ramo de atividade inicial: Têxtil

◆ Ramo de atividade atual: Têxtil

◆ Capital: Fechado

Fundada em Valença-BA, cujo nome do fundador é desconhecido pelos autores, essa empresa centenária foi criada em 1844, atuando no ramo têxtil desde o princípio da sua existência. Desde 1997, pertence ao grupo de empresas do empresário cearense Mário Araripe e, desde então, tem investido em tecnologias para o competitivo ramo de atividade em que se encontra. A Valença fabrica atualmente uma linha de roupas e uma linha de uniformes profissionais.

40. Correio Riograndense

◆ Fundação: 1909

◆ Ramo de atividade inicial: Comunicação

◆ Ramo de atividade atual: Comunicação

◆ Capital: N/A

Esse jornal centenário foi criado em 1909 no município de Garibaldi (RS) pelo Padre Carmine Fasulo e editado pelos Freis Capuchinhos. Em 2017 houve sua última circulação de jornais físicos, os quais foram substituídos pelo site. Atualmente, o Correio Riograndense uniu-se à rede Tua Rádio, também do Sul do Brasil, e seu nome passou a ser CR4.

41. CPFL

- ◆ Fundação: 1912
- ◆ Ramo de atividade inicial: Energia
- ◆ Ramo de atividade atual: Energia
- ◆ Capital: Aberto

A CPFL, com matriz em Campinas, iniciou suas atividades quando, em 1912, quatro empresas paulistas de energia se fundiram. Ao longo de sua existência, foi comprada por grupos maiores e já chegou até mesmo a ter seu controle acionário dominado pelo Governo de São Paulo. Atualmente domina diversas áreas da energia, sendo detentora de parques eólicos, usinas de biomassa, usinas solares, usinas térmicas e centrais hidrelétricas. Segundo a *Forbes*, seu faturamento em abril de 2021 foi de US$6 bilhões e hoje o controle acionário da CPFL pertence à State Grid.

42. Dicico

- ◆ Fundação: 1918
- ◆ Ramo de atividade inicial: Comércio de materiais para a construção
- ◆ Ramo de atividade atual: Comércio de materiais para a construção
- ◆ Capital: N/A

Criada em 1918 pelo imigrante italiano Virgilio Di Cicco em São Paulo, a Dicico é desde sempre uma empresa de materiais para construção, atualmente com mais de 50 unidades no estado de São

Paulo, além de mais de 250 outras lojas ao redor da América Latina. A organização passou pelo controle acionário de outras empresas e hoje faz parte da chilena Sodimac, que pertence ao Grupo Falabella, e atualmente encontramos diversas lojas com o nome Sodimac Dicico. A Sodimac Brasil conta com um capital social de R$1,6 bilhão investidos.

43. Dohler S.A.

◆ Fundação: 1881

◆ Ramo de atividade inicial: Têxtil

◆ Ramo de atividade atual: Têxtil

◆ Capital: Aberto

A Dohler foi fundada em 1881 em Joinville-SC pelo imigrante alemão Carl Dohler. Foi inicialmente uma empresa pequena, em um povoado ainda iniciante e com apenas um tear, tornando-se essa grande empresa de 140 anos, atualmente com capital social de R$225 milhões investidos e capacidade de exportação para mais de 40 países. A empresa busca controlar todo seu processo produtivo desde a fabricação própria dos seus fios até o tratamento de efluentes produzidos no processo fabril.

44. Droga Raia

◆ Fundação: 1905

◆ Ramo de atividade inicial: Farmacêutico

◆ Ramo de atividade atual: Farmacêutico

◆ Capital: Aberto

Fundada no ano de 1905 na cidade de Araraquara, interior de São Paulo, por João Baptista Raia, imigrante italiano, a Droga Raia hoje faz parte do Grupo RD (Grupo Raia Drogasil), detendo um capital social de R$2,5 bilhões que ocorreu após a fusão das duas empresas farmacêuticas em 2011. No quarto trimestre de 2020, registrou um lucro líquido de R$198,492 milhões, segundo a *Revista IstoÉ Dinheiro* (2021b). Inicialmente, produzia apenas medicamentos manipulados e hoje possui mais de 2.200 lojas ao redor do Brasil, comercializando produtos de beleza e perfumaria, além da atividade principal.

45. Drogaria Araujo

◆ Fundação: 1913

◆ Ramo de atividade inicial: Farmacêutico

◆ Ramo de atividade atual: Farmacêutico

◆ Capital: Fechado

Fundada por Abelardo de Faria Alvim e José Lage Martins da Costa em Belo Horizonte, a Drogaria Araujo está ativa desde 1906, mas foi nomeada com a razão social que conhecemos hoje após seu funcionário Modesto Carvalho de Araujo comprar a empresa e assumir os negócios em 1913. Historicamente, fez parte da história do Brasil ao passar pela crise da gripe espanhola, contribuindo positivamente com a negociação de medicamentos para extinguir a epidemia. Hoje, exerce diversos papéis sociais na cidade em que se situa, permanecendo até hoje em posse da família Araujo, e conta com um capital social aplicado de mais de R$600 milhões.

46. Drogarias Pacheco

- Fundação: 1892

- Ramo de atividade inicial: Farmacêutico

- Ramo de atividade atual: Farmacêutico

- Capital: Fechado

Esta empresa centenária foi fundada em 1892 na cidade do Rio de Janeiro-RJ por José Magalhães Pacheco. Popularmente difundida na cidade em que foi fundada, o proprietário, junto com um amigo, fundou na época a Pacheco & Co., responsável por importar e exportar medicamentos, fortalecendo ainda mais a reputação da Drogarias Pacheco. Em meados de 1977, a empresa foi vendida para a família Barata, mas manteve-se o nome histórico; e, desde 2011, pertence ao grupo DPSP, composto pelas Drogarias Pacheco e Drogarias São Paulo, que atuam separadamente.

47. Elekeiroz

- Fundação: 1894

- Ramo de atividade inicial: Laboratório farmacêutico

- Ramo de atividade atual: Químico

- Capital: Fechado

Em 1894 a Elekeiroz foi fundada pelo farmacêutico Luiz M. Pinto de Queiroz e inicialmente funcionava como laboratório farmacêutico. Essa empresa foi a pioneira na produção de ácido sulfúrico na América do Sul e segue até os dias atuais fabricando materiais químicos, tendo três fábricas no Brasil, sendo a matriz localizada em Várzea Paulista-SP, com capital social de R$105 milhões. Recentemente, a companhia deixou de ter seu capital aberto: em comunicação própria, a empresa afirmou que foi deferida a transição para Sociedade Anônima de Capital Fechado.

48. Empório Chiappetta

- ◆ Fundação: 1908
- ◆ Ramo de atividade inicial: Comércio de secos e molhados
- ◆ Ramo de atividade atual: Comércio de secos e molhados
- ◆ Capital: N/A

Criada em 1908 pelo imigrante italiano Carlo Chiappetta na cidade de São Paulo-SP, essa empresa centenária atua dentro do Mercado Municipal com capital social aplicado de R$65 mil reais. O Empório Chiappetta está até hoje sob gestão familiar e atua como comércio de secos e molhados, sendo seu principal produto o bacalhau. Mesmo sendo uma empresa pequena, seus processos de controles administrativos são informatizados, mas sem perder o contato principal com o cliente.

49. Endler Indústria de Carnes e Derivados LTDA.

- Fundação: 1877

- Ramo de atividade inicial: Embutidos

- Ramo de atividade atual: Embutidos

- Capital: N/A

Foi criada pelo imigrante austríaco Josef Endler em Porto Alegre-RS. Especialista em salsichas, Josef Endler veio ao Brasil em 1877 e começou a trabalhar em uma salsicharia. Porém, menos de um ano depois, em 1878, decidiu iniciar suas próprias atividades, criando a Endler e produzindo embutidos até os dias de hoje, mas na cidade de Sapucaia do Sul (RS), onde localiza-se seu novo polo fabril. Essa empresa, embora possua um ramo de atividade bastante amplo, optou por atender a um mercado restrito e fabricar de forma reduzida, garantindo um produto diferenciado a ser ofertado para um público específico.

50. Energisa

- Fundação: 1905

- Ramo de atividade inicial: Energia

- Ramo de atividade atual: Energia

- Capital: Aberto

Essa empresa centenária, cujo nome inicial era Companhia Força e Luz Cataguazes-Leopoldina, foi fundada em 1905 por José Monteiro Ribeiro Junqueira, João Duarte Ferreira e Norberto Custódio Ferreira, em Cataguases-MG. Ao longo dos anos, adquiriu novas empresas que eram menores no ramo, chegando ao seu patamar atual, com capacidade de atuação em diversas áreas da energia, utilizando-se também das energias renováveis. Dados de 2019 revelam que a Energisa teve um lucro líquido de mais de R$527 milhões. Até o momento, tem a maior parte de suas ações controladas pela empresa Nova Gipar Holding S.A.

51. Excelsior alimentos S.A. (Grupo JBS)

- ◆ Fundação: 1891
- ◆ Ramo de atividade inicial: Refinaria de banha
- ◆ Ramo de atividade atual: Alimentos
- ◆ Capital: Aberto

Fundada em 1891 na cidade de Santa Cruz do Sul-RS por Abrahão Tatsch, a Excelsior foi inicialmente conhecida pela produção de banha em sua refinaria. Atualmente, tem a maior parte de suas ações controladas pela Seara — que, por sua vez, é controlada pela JBS Foods — e mantém por meio de sua marca centenária a produção de alimentos derivados de aves e porcos.

52. Farina S.A.

- ◆ Fundação: 1886
- ◆ Ramo de atividade inicial: Ferraria e oficina
- ◆ Ramo de atividade atual: Autopeças, fundição e usinagem
- ◆ Capital: Fechado

Criada em 1886 pelo imigrante italiano Giuseppe Farina em Bento Gonçalves-RS, a Farina é uma empresa de autopeças, fundidos e usinados, mas inicialmente funcionava como ferraria e oficina de consertos. Mesmo em recuperação judicial por dificuldades geradas pelas constantes crises impostas às empresas do Brasil, a Farina se encontra presente no mercado com fabricação de peças para a linha agrícola e peças para caminhões, ônibus e motores.

53. Farmácia Van Der Laan

- ◆ Fundação: 1902
- ◆ Ramo de atividade inicial: Farmacêutico e clínica homeopática
- ◆ Ramo de atividade atual: Farmacêutico
- ◆ Capital: N/A

Fundada em 1902 em Porto Alegre-RS pelo médico holandês Van Der Laan, funcionava inicialmente como farmácia e clínica homeopática. Hoje, é reconhecida também pelos produtos naturais e pelos remédios feitos sob manipulação. A empresa segue no mesmo local de atuação inicial, mantendo também a tradicionalidade das suas atividades iniciais.

54. Fiateci

- ◆ Fundação: 1891
- ◆ Ramo de atividade inicial: Têxtil
- ◆ Ramo de atividade atual: Têxtil
- ◆ Capital: N/A

Fundada pelo empresário e político gaúcho Manuel Py em 1891, na cidade de Porto Alegre-RS, desde o princípio apresentou-se como um empreendimento de porte, gerando grande quantidade de empregos na região e considerável desenvolvimento econômico. Em 2010, sua operação fabril mudou-se para o município de Canoas-RS. Atualmente, a empresa é a maior fornecedora de tecidos para cadeiras de escritório no Brasil, passando a atender desde 2016 um novo nicho de mercado, que é a fabricação de tecidos para decoração e bancos de ônibus.

55. Foergnes

- ◆ Fundação: 1895
- ◆ Ramo de atividade inicial: Óptica
- ◆ Ramo de atividade atual: Óptica
- ◆ Capital: N/A

Criada em 1895 pelo imigrante alemão Carlos Foergnes em Porto Alegre-RS, a Foergnes é, desde o início da sua existência, uma empresa óptica. Empresa familiar, já está na quarta geração da família e é uma das primeiras ópticas no Rio Grande do Sul; possui sete lojas em Porto Alegre e laboratório próprio, sendo considerada a primeira empresa do Rio Grande do Sul a produzir lentes de contato sob receita.

56. FTD

- ◆ Fundação: 1902
- ◆ Ramo de atividade inicial: Gráfica e editora
- ◆ Ramo de atividade atual: Gráfica e editora

- Capital: Fechado

Criada pelos irmãos Maristas em 1902, a FTD possui esse nome em homenagem ao Frère Théophane Durand, Irmão Superior-geral do Instituto Marista. Para incentivar o ensino, a FTD iniciou suas atividades produzindo e lançando as obras religiosas e depois passou a fazer livros didáticos. Atualmente, com capital social de mais de R$250 milhões, a empresa possui 15 filiais responsáveis pela venda dos livros, 8 distribuidoras, 1 parque gráfico e a matriz, localizada em São Paulo.

57. Gambrinus — Restaurante, bar e choperia

- Fundação: 1889

- Ramo de atividade inicial: Bar

- Ramo de atividade atual: Bar e restaurante

- Capital: N/A

Esse restaurante foi fundado em 1889 e manteve-se sob posse dos irmãos Finato, imigrantes italianos, por longos anos, até que em 1964 houve uma mudança de direção e uma família de descendência portuguesa assumiu a empresa longeva, estando presente na gerência até os dias atuais. Inicialmente, o local era conhecido como uma confraria de imigrantes alemães, mas, após assumir a nova direção, passou a ser conhecido por fazer pratos refinados e servir bebidas tradicionais, o que alterou o público que frequentava o local.

O Gambrinus está presente em Porto Alegre-RS desde sua fundação e funciona como bar e restaurante. Sua história, bem como sua localização, fazem parte da própria história da cidade de Porto Alegre. E, apesar da sua tradicionalidade, os rumos da empresa mudaram após esforços do novo dono em atrair novas clientelas em um novo nicho de negócios.

58. GBOEX — Previdência e seguro de pessoas

- Fundação: 1913

- Ramo de atividade inicial: Amparo financeiro a militares e seus familiares

- Ramo de atividade atual: Seguro de vida e previdência complementar

- Capital: N/A

Essa companhia centenária fundada em 1913 e até hoje sediada em Porto Alegre-RS é identificada como uma entidade sem fins lucrativos. Em sua fundação, o objetivo da empresa era amparar familiares de militares, mas após longos anos ela ampliou o atendimento para todos os civis, ao mesmo tempo que determinou os serviços oferecidos pela organização e criou novas oportunidades com a decisão, tendo atualmente associados em todo o Brasil.

59. Gerdau

- Fundação: 1901

- Ramo de atividade inicial: Metalurgia

- Ramo de atividade atual: Metalurgia

- Capital: Aberto

Criada em 1901 no Rio Grande do Sul pelo pai João Gerdau e seu filho Hugo Gerdau, iniciou suas atividades metalúrgicas produzindo pregos, passando a produzir aço mais de quarenta anos depois. A Gerdau sofreu diversas alterações em sua diretoria ao longo de sua existência e, ao mesmo passo que mudava seus administradores, também conquistava novos territórios dentro e fora do Brasil, além de novos segmentos de mercado.

Em 1947 tornou-se uma empresa de capital aberto e atualmente suas ações estão presentes nas Bolsas de Valores do Brasil, de Nova York e de Madri. Seu processo de internacionalização começou na década de 1980 e hoje a empresa está presente em dez países, contando com cerca de 30 mil funcionários e um faturamento de U$8,5 bilhões, segundo a *Forbes*, conforme dados de abril de 2021.

60. German Alimentos

- ◆ Fundação: 1892
- ◆ Ramo de atividade inicial: Alimentos
- ◆ Ramo de atividade atual: Alimentos
- ◆ Capital: N/A

Essa empresa centenária foi fundada por imigrantes europeus liderados por Cavvaliere Aristides Germani no ano de 1892 na Serra Gaúcha. As atividades oficializadas da Germani começaram por meio da produção de farinha de trigo e evoluíram para a fabricação de massas e biscoitos. Atualmente, a Germani Alimentos pertence ao Grupo Dallas, empresa agrícola da região do Mato Grosso do Sul.

61. Giannini

- Fundação: 1900

- Ramo de atividade inicial: Instrumentos musicais

- Ramo de atividade atual: Instrumentos musicais

- Capital: Fechado

No ano de 1900, na cidade de São Paulo-SP, o imigrante italiano Tranquillo Giannini dá início à fábrica de instrumentos. Em meio às revoluções que ocorreram no ambiente externo, a Giannini teve capacidade de sobrevivência, seja por meio de estratégias de expansão nas vendas ou no estoque de matéria-prima importada, coisa muito importante naqueles períodos de guerras mundiais. Passou por diversas alterações de local de funcionamento, pois seu crescimento sempre foi constante, até que a empresa comprou um terreno, onde se localiza até hoje a sua matriz, em Salto (SP), mas não se estabeleceu apenas no Brasil, tendo também uma filial nos Estados Unidos.

62. Granado

- Fundação: 1870

- Ramo de atividade inicial: Farmácia e drogaria

- Ramo de atividade atual: Perfumaria e cosméticos

- Capital: Fechado

Fundada no Rio de Janeiro-RJ pelo imigrante português José Antônio Coxito Granado no ano de 1870, a Granado iniciou suas atividades funcionando como uma "pharmacia" e hoje atua na fabricação de cosméticos, produtos de higiene pessoal e perfumaria, muito conhecida pela linha Phebo. Conta com várias lojas ao redor do Brasil e também está presente em território internacional. Embora a pandemia da Covid-19 tenha feito muitas empresas longevas ruírem, a Granado aproveitou o momento para aumentar o faturamento mensal do seu *e-commerce*, que alavancou de R$200 mil para R$2 milhões, segundo a *Forbes* (IODICE, 2020).

63. Grupo Thá

- ◆ Fundação: 1895

- ◆ Ramo de atividade inicial: Construção civil

- ◆ Ramo de atividade atual: Construção civil

- ◆ Capital: N/A

Fundada em 1895 por Maurizio Thá, em Curitiba-PR, a Thá iniciou suas atividades construindo casas de alvenaria e se desenvolveu no Sul do país e, posteriormente, nas outras regiões. Essa empresa centenária está presente em diversos segmentos, dentre eles a construção de hospitais, hotéis, instituições de ensino, residenciais etc. Atualmente, as empresas do Grupo Thá se encontram em recuperação judicial, lutando contra as intempéries organizacionais e de mercado.

64. Haenssgen S.A.

- ◆ Fundação: 1895

- ◆ Ramo de atividade inicial: Doces e balas

- ◆ Ramo de atividade atual: Chocolates

- ◆ Capital: Fechado

Foi em 1895 que o imigrante alemão Frederico Germano Haenssgen fundou a Haenssgen na cidade de Cruzeiro do Sul-RS, inicialmente produzindo balas e caramelos. Hoje, com o controle gerencial familiar sobrevivendo mais de cem anos, a Haenssgen possui uma linha de produção empenhada em fabricar chocolates em geral, principalmente para a linha *food service*.

65. Hemmer Alimentos

- ◆ Fundação: 1915
- ◆ Ramo de atividade inicial: Alimentos
- ◆ Ramo de atividade atual: Alimentos
- ◆ Capital: Fechado

Fundada em 1915 no município de Blumenau-SC por Heinrich Hemmer, a Hemmer começou sua produção fabricando e comercializando chucrute, sendo hoje conhecida como uma das empresas mais antigas de alimentos em conserva e mais de trezentos outros produtos do ramo alimentício. A empresa atualmente tem capital social investido de R$25 milhões e vende seus produtos até mesmo em territórios fora do Brasil, alguns na América Latina e outros na Europa.

66. Hering

- ◆ Fundação: 1880
- ◆ Ramo de atividade inicial: Têxtil
- ◆ Ramo de atividade atual: Têxtil
- ◆ Capital: Aberto

Fundada pelos irmãos e imigrantes alemães Hermann e Bruno Hering na cidade de Blumenau-SC, essa empresa centenária iniciou suas atividades no Brasil em 1880 por meio da aquisição de um tear, tornando-se uma grande empresa têxtil. Em 1964, a empresa abre seu capital ao mesmo tempo que começa a exportar seus produtos — e, nessa etapa, a Hering já havia adquirido muitos maquinários, outra unidade fabril, prêmios ambientais e tinha atitudes sociais positivas para com seus empregados. Segundo a *Forbes* (NICOCELI, 2021), o lucro líquido do trimestre em 2021 foi de R$7,1 milhões. Após 140 anos fazendo parte da família Hering, essa empresa centenária foi incorporada ao Grupo Soma, com planos para 2022.

67. IGB

- ◆ Fundação: 1861

- ◆ Ramo de atividade inicial: Gráfica

- ◆ Ramo de atividade atual: Gráfica e produção de embalagens

- ◆ Capital: Fechado

Com o nome do fundador desconhecido, a IGB foi criada em 1861 e é uma das empresas gráficas mais antigas do Brasil. Atualmente, é conhecida por fabricar embalagens para marcas mundialmente conhecidas, como Natura, Alpargatas e Unilever. Sua sede atual localiza-se no município de Cabo de Santo Agostinho-PE, estando a empresa em recuperação judicial.

68. Jornal *Folha de São Paulo*

- ◆ Fundação: 1921

- Ramo de atividade inicial: Jornal

- Ramo de atividade atual: Jornal impresso e virtual

- Capital: N/A

Fundado em São Paulo-SP, no ano de 1921, por um grupo de jornalistas liderados por Pedro Cunha e Olival Costa, o jornal foi concebido para fazer frente e oposição ao jornal O *Estado de São Paulo*, de linha conservadora e alinhado com as elites paulistas econômicas e sociais. A linha editorial crítica e progressista marca a construção do jornal até hoje. Com franco desenvolvimento ao longo do tempo, a *Folha*, como é comumente conhecida, chega a cem anos como o jornal de maior circulação no Brasil.

69. Karsten S.A.

- Fundação: 1882

- Ramo de atividade inicial: Têxtil

- Ramo de atividade atual: Têxtil

- Capital: Aberto

Ao mesmo tempo em que surgiam maquinários durante meados do século XIX, com avanços provocados pela Revolução Industrial, também havia famílias sendo desempregadas devido à tecnologia e à substituição do trabalho manual pelas máquinas, o que provocou fortes ondas de emigração da Europa. A família Karsten, de origem alemã, foi uma delas, retirando-se da Alemanha e vindo ao Brasil, com destino a Blumenau-SC.

Em 1882 foi fundada uma sociedade entre três famílias, formando a Tecelagem Roeder, Karsten & Hadlich, com teares vindos da Alemanha, mas alguns anos depois Johann Friedrich Christian Karsten tornou-se o único dono da companhia. Hoje, a Karsten possui um capital social de mais de R$100 milhões e a empresa segue fabricando produtos de cama, mesa e banho, contando com diversos prêmios que demonstram sua história por meio dos seus colaboradores e dos seus produtos diferenciados.

70. Knoplex — Severiano Ribeiro

- ◆ Fundação: 1917

- ◆ Ramo de atividade inicial: Cinema

- ◆ Ramo de atividade atual: Cinema

- ◆ Capital: N/A

O Kinoplex iniciou suas atividades em 1917 graças ao fundador Luiz Severiano Ribeiro, em Fortaleza-CE. Essa empresa centenária inicia sua ampliação pelo Brasil quando seu fundador se muda do Nordeste e vai para o Rio de Janeiro, na mesma década em que firma negócios com outras empresas de cinema de dentro e fora do Brasil.

O fundador e seus descendentes que assumiram a direção do Kinoplex foram figuras importantes para o cinema no Brasil, pois o primeiro citado fez parte de sindicatos do cinema, e o segundo tornou-se produtor de filmes, ampliando os negócios cinematográficos no Brasil, que na época — década de 1940 — estavam em crise. O

Kinoplex atualmente é uma empresa 100% brasileira presente em 19 cidades no país e considerada a maior rede de cinemas no Brasil.

71. Klabin S.A.

- ◆ Fundação: 1899
- ◆ Ramo de atividade inicial: Importação de artigos de escritório e tipografia
- ◆ Ramo de atividade atual: Celulose e papel
- ◆ Capital: Aberto

Fundada por Maurício Klabin, imigrante lituânio, e seus irmãos, a Klabin passou a existir em 1890 como empresa de tipografia e importadora de artigos para escritório, sendo oficialmente fundada em 1899. Rapidamente, acelera seu desenvolvimento e, em meados dos anos 1940 e 1960, já tinha passado a produzir cerâmica, papel, celulose, papelão, fios e fósforos.

A história dessa empresa é marcada pela sua presença em diversas regiões e pelas variadas aquisições de empresas. A Klabin, ao longo dos seus anos, pode ser considerada uma empresa "experimentadora", que ousou em diversas áreas e investiu de maneira flexível em seus negócios, possuindo hoje 28 unidades fabris ao redor e fora do Brasil, sendo dividida em quatro pilares de produtos: florestal, celulose, papéis e embalagens. Segundo seu relatório institucional de 2021 (KLABIN, 2021a), registrou EBITDA ajustado (lucro antes de juros, impostos, depreciação e amortização) de R$1,798 bilhão no segundo trimestre de 2021, representando ser uma empresa sólida e em crescimento.

72. KPMG

- ◆ Fundação: 1915
- ◆ Ramo de atividade inicial: Auditoria e consultoria tributária
- ◆ Ramo de atividade atual: Auditoria e consultoria tributária
- ◆ Capital: N/A

A KPMG foi fundada por William Barclay Peat e, curiosamente, cada uma das letras do nome da empresa corresponde aos seus principais idealizadores, sendo Peat o pioneiro. Essa rede global é formada por empresas independentes que operam em mais de 150 países. No Brasil, as atividades da KPMG iniciaram-se em 1915 e perduram até os dias atuais no ramo de auditorias, consultorias e impostos.

Em 2019, segundo o relatório de sustentabilidade da companhia, a KPMG Brasil apresentou um faturamento de R$1,4 bilhão, com atividades em 22 cidades, concentradas em sua maioria no estado de São Paulo, e mais de 6 mil clientes entre empresas privadas, órgãos governamentais e de capital misto e organizações sem fins lucrativos, no território brasileiro (KPMG, 2020).

73. Laboratório Wesp

- ◆ Fundação: 1916
- ◆ Ramo de atividade inicial: Produção de medicamentos
- ◆ Ramo de atividade atual: Produção de medicamentos
- ◆ Capital: Aberto

Fundado no município de Canoas-RS em 1916 pelo alemão João Wesp, o Laboratório Wesp, como era inicialmente conhecido, começou suas atividades na produção de medicamentos fitoterápicos e seu método tradicional foi bem recebido no território do Sul do Brasil. Desde 1919, o Laboratório Wesp é conhecido pelo nome registrado do seu principal produto, denominando-se apenas como Olina. Atualmente, essa empresa centenária produz quatro produtos principais, que vão de produtos para o mal-estar do fígado até a fabricação de repelentes, mantendo a atenção aos produtos naturais e aos processos diversificados.

74. Lacta

- ◆ Fundação: 1912
- ◆ Ramo de atividade inicial: Produção de chocolates
- ◆ Ramo de atividade atual: Produção de chocolates
- ◆ Capital: N/A

A Lacta foi fundada pelo suíço Achiles Isella, estando no Brasil desde 1912. Inicialmente, funcionava como um comércio e realizava a importação de chocolates da Europa, mas na Primeira Guerra Mundial a importação tornou-se uma atividade dificultosa, o que fez com que a empresa passasse a fabricar o próprio chocolate. E isso não foi uma má ideia, visto que o Brasil, segundo a *Revista Globo Rural* (2021a), está entre os sete maiores produtores de cacau no mundo.

Em 1996, foi vendida para marcas internacionais, inicialmente para a Kraft Foods, hoje agrupada à Heinz, e, após a fragmentação da Kraft, a Lacta foi para o Grupo Mondelez, com ações presentes na Bolsa de Valores, que também é detentor de diversas marcas conhecidas no Brasil, tais como Trident, Halls, Club Social, Bubbaloo, entre outras. Em 2020, segundo a *Revista IstoÉ Dinheiro* (VIEIRA, 2021), a Mondelez faturou U$1 bilhão com as marcas da subsidiária brasileira.

75. Light

- ◆ Fundação: 1905
- ◆ Ramo de atividade inicial: Energia
- ◆ Ramo de atividade atual: Energia
- ◆ Capital: Aberta

A história da Light começou quando, em 1905, o grupo canadense The Rio de Janeiro Tramway, Light and Power Co. Ltd. veio para a cidade do Rio de Janeiro-RJ e começou a aderir e investir na compra de empresas menores, ficando conhecida, depois, com sua atividade variada do ramo de energia, envolvendo principalmente a melhoria da infraestrutura na época. Atualmente a empresa atua na distribuição, geração e comercialização de energia.

76. Livonius

- ◆ Fundação: 1888
- ◆ Ramo de atividade inicial: Administração de serviços
- ◆ Ramo de atividade atual: Administração de serviços
- ◆ Capital: N/A

Fundada pelos imigrantes alemães e também irmãos Gustav e Paulo Livonius e pelo sócio Erich Brandt em 1888, em Porto Alegre-RS, a Livonius iniciou suas atividades como administradora e subscritora de seguros. Hoje não pertence mais à família dos fundadores, mas o sobrenome deles permanece na empresa, que ainda atua em sua atividade inicial no ramo de seguros, sendo a mais antiga empresa no Brasil que participa desse ramo.

A Livonius, embora mantenha o foco de suas atividades iniciais, atualmente, ainda dentro do nicho de mercado, optou por fortalecer-se no ramo de seguros de transportes, maquinários e equipamentos agrícolas, placas solares e patrimônios (residências, empresas e riscos diversos).

77. Mackenzie

- ◆ Fundação: 1870
- ◆ Ramo de atividade inicial: Educação básica
- ◆ Ramo de atividade atual: Educação básica e superior
- ◆ Capital: N/A

Foi criada em São Paulo no ano de 1870 pelos missionários presbiterianos Mary Annesley e seu esposo George Whitehill Chamberlain, os quais iniciaram esse negócio ensinando meninos e meninas. Abrigando filhos de escravos e de famílias tradicionais, a organização era conhecida na época como Escola Americana. Seu nome apenas ficou conhecido como Mackenzie após a Igreja Presbiteriana receber uma doação de um falecido advogado norte-americano cujo sobrenome deu origem à conhecida denominação dessa renomada instituição. Atualmente, a Mackenzie oferece cursos de diversas áreas de atuação e de diversos níveis acadêmicos, com mais de quinze unidades instaladas ao longo do território brasileiro.

78. Malwee

- ◆ Fundação: 1906
- ◆ Ramo de atividade inicial: Açougue e queijaria
- ◆ Ramo de atividade atual: Têxtil
- ◆ Capital: Fechado

A história da Malwee pode ser um tanto curiosa. Foi criada em 1906 por Wilhelm e Bertha Weege e inicialmente se chamava Firma Weege, funcionando como um açougue e comércio de queijos. A Malwee passou por inúmeros ramos, chegando a ter um frigorífico e um posto de gasolina durante a gestão de Wolfgang Weege, filho dos fundadores da empresa. Mas foi em 1968, em Jaraguá do Sul-SC, que passou a ser conhecida com o nome e o ramo de atividade têxtil que atua até os dias atuais, sendo considerada uma grande empresa de vestuário no mercado, detentora de sete marcas próprias.

79. Matte Leão

- ◆ Fundação: 1901
- ◆ Ramo de atividade inicial: Bebidas
- ◆ Ramo de atividade atual: Alimentos e bebidas
- ◆ Capital: Aberto

Fundada no Paraná, em 1901, pelo brasileiro Agostinho Ermelino de Leão Junior, a Leão Jr., como era inicialmente chamada, é uma organização centenária conhecida pela produção do tradicional chá Matte Leão. Desde 2007, a marca Matte Leão pertence à Coca-Cola, e a Leão Alimentos e Bebidas é responsável pela linha de chás, sucos e isotônicos, como sucos Del Valle e Sucos Mais, chás Leão, entre outros. A Leão possui unidades fabris no estado do Paraná e escritórios administrativos, bem como centros de distribuição, ao redor do Brasil.

80. Mundial S.A.

- ◆ Fundação: 1896

- ◆ Ramo de atividade inicial: Produção de lamparinas

- ◆ Ramo de atividade atual: Utensílios domésticos e aviamentos

- ◆ Capital: Aberto

Essa empresa centenária é fruto de um grupo de empresas. Dessas, uma delas se destaca pela longevidade: a Eberle. A Eberle foi criada em 1896 no município de Caxias do Sul-RS, funcionava como funilaria e produzia inicialmente lamparinas. Ao longo de sua história, foi ampliando seu portfólio de produtos e, em 1985, foi adquirida pelo Grupo Zivi-Hércules. Até que em 2003 o grupo passou a ser chamado unicamente de Mundial S.A., que atualmente é composto pela marca de esmaltes Impala; a linha de tesouras Creative; a Eberle, no ramo de aviamentos, entre outras.

81. Nadir Figueiredo

- ◆ Fundação: 1912

- ◆ Ramo de atividade inicial: Oficina de máquina de escrever

- ◆ Ramo de atividade atual: Fábrica de utensílios de vidro

- ◆ Capital: Aberto

A Nadir Figueiredo foi fundada em 1912 por Nadir Dias de Figueiredo e Morvan Dias de Figueiredo, e inicialmente funcionava como uma oficina para máquinas de escrever. Essa empresa centenária é uma daquelas poucas que ousou durante sua existência: a empresa já passou pela produção de artigos de iluminação e munição para armas, mas foi em 1935, após a compra de uma fábrica de vidros, que passou a produzir utensílios de vidro, dentre eles o famoso copo americano; não obstante, antes dos anos 2000, essa empresa já estava presente em países da Europa e eventos internacionais. Atualmente, a Nadir é conhecida pelas suas grandes marcas para utensílios domésticos feitos em vidro, ainda produzindo os copos americanos, mas também a linha Marinex, entre outras marcas famosas.

82. Neugebauer

- ◆ Fundação: 1891

- ◆ Ramo de atividade inicial: Produção de chocolates

- ◆ Ramo de atividade atual: Produção de doces e chocolates

- ◆ Capital: Fechado

Criada em Porto Alegre-RS no ano de 1891 pelos irmãos Max Neugebauer e Franz Neugebauer junto de Fritz Gerhardt, a Neugebauer chamava-se inicialmente Neugebauer Irmãos & Gerhardt. De acordo com o site histórico dessa organização, a Neugebauer foi a primeira fábrica de chocolates no país (NEUGEBAUER, 2021). A gestão dessa empresa centenária está passando por vários investidores desde a década de 1980 e atualmente, no ano de 2021, a empresa foi vendida para a Vonpar, que atua na fabricação da Coca-Cola e da cerveja Heineken.

83. *O Estado de São Paulo*

- ◆ Fundação: 1875

- ◆ Ramo de atividade inicial: Jornal impresso

- ◆ Ramo de atividade atual: Jornal impresso e digital

- ◆ Capital: Fechado

O Estado de S. Paulo, popularmente conhecido como Estadão, foi fundado em 1875 no centro da cidade de São Paulo-SP por um grupo de republicanos, divididos entre fazendeiros e empresários da época, podendo citar Manoel Ferraz de Campos Salles e Américo Brasiliense, e os que possuíam maior cota eram Américo de Campos e Francisco Rangel Pestana.

84. O Mossoroense

- ◆ Fundação: 1872

- ◆ Ramo de atividade inicial: Editora de jornal

- ◆ Ramo de atividade atual: Editora de jornal

- ◆ Capital: N/A

Como o próprio nome sugere, a empresa O Mossoroense foi fundada no município de Mossoró-RN. Essa organização centenária foi idealizada por Jeremias da Rocha Nogueira e fundada em 1872, atuando desde o princípio na edição e na publicação de jornais para a cidade de origem. Hoje, conta também com um site que disponibiliza novas notícias periodicamente.

85. Padaria 14 de Julho

- Fundação: 1897
- Ramo de atividade inicial: Padaria
- Ramo de atividade atual: Padaria e cantina
- Capital: N/A

Essa empresa centenária foi fundada em 14 de julho de 1897 e a data de fundação deu origem ao seu nome. Seu fundador, Rafaelli Franciulli, era imigrante italiano e, segundo o site histórico da empresa, sua profissão era de mecânico, mas, com dom para a produção de pães, optou por abrir a padaria (14 DE JULHO, 2021). A empresa permanece no mesmo local onde foi criada, no bairro do Bixiga, em São Paulo-SP. Atualmente, ainda sob gestão da família Franciulli, a Padaria 14 de Julho tornou-se também uma cantina, em sua segunda unidade.

86. Padaria Basilicata

- Fundação: 1914
- Ramo de atividade inicial: Padaria
- Ramo de atividade atual: Padaria, empório e restaurantes
- Capital: N/A

Fundada em 1914 pelo imigrante italiano Felipe Ponzio no bairro do Bixiga em São Paulo-SP, a Padaria Basilicata desde 2017 atualizou seu portfólio, passando a ser conhecida como Basilicata pão, empório e restaurante, atualizando também seu processo de vendas e aderindo ao delivery. Porém, mesmo diante de toda a tecnologia e atualizações, a Basilicata ainda segue com a aparência exótica e tradicional de seus mais de 100 anos, com um capital social investido de mais de R$1 milhão.

87. Padaria Italianinha

- ◆ Fundação: 1896
- ◆ Ramo de atividade inicial: Padaria
- ◆ Ramo de atividade atual: Padaria
- ◆ Capital: N/A

Fundada em 1896 pelo imigrante italiano Felipe Poncio, a Padaria Italianinha localiza-se desde o seu início na região do bairro do Bixiga em São Paulo-SP. Há mais de cem anos sob gerência da família Franciulli, sua tradição em servir produtos que remetem à Itália seguem até os dias atuais nessa conveniência e, segundo seu site histórico, até mesmo o forno que era utilizado há mais de cem anos também segue sendo usado nos dias de hoje (PADARIA ITALIANINHA, 2021).

88. Padaria São Domingos

- ◆ Fundação: 1913
- ◆ Ramo de atividade inicial: Padaria
- ◆ Ramo de atividade atual: Padaria
- ◆ Capital: N/A

Essa empresa centenária foi fundada em 1913 por Domenico Albanese e localiza-se no bairro do Bixiga em São Paulo-SP. Atualmente, ainda sob gerência familiar, a empresa renovou sua marca, atualizando o logotipo, mas afirmando que os laços com o seu passado ainda permanecem. A Padaria São Domingos segue prezando pelos pães com receitas tradicionais italianas.

89. Peterlongo Vinícola

- ◆ Fundação: 1915
- ◆ Ramo de atividade inicial: Vinícola
- ◆ Ramo de atividade atual: Vinícola
- ◆ Capital: Fechado

A Vinícola Peterlongo foi fundada em 1915 por Manoel Peterlongo Filho, imigrante italiano, no Rio Grande do Sul. Foi por meio do dom do fundador em produzir espumantes que a vinícola alcançou sucesso, a qual possui atualmente um amplo portfólio de produtos entre sucos, vinhos tranquilos, vinhos frisantes e espumantes. O capital social atual é de R$4 milhões.

90. Previsul Seguradora

- ◆ Fundação: 1906
- ◆ Ramo de atividade inicial: Seguradora
- ◆ Ramo de atividade atual: Seguradora
- ◆ Capital: Fechado

Essa empresa centenária foi fundada em 1906 em Porto Alegre-RS por José Luiz de Moura Azevedo e atua desde sua fundação em serviços de seguro. Trabalhava com uma diversidade de planos, porém, com o passar dos anos, a companhia priorizou o serviço de seguro para pessoas. Atualmente seu portfólio abrange tanto os planos individuais como os planos coletivos, para empresas. A Previsul é controlada pela Caixa Seguradora.

91. Pureza Cervejaria

- ◆ Fundação: 1905
- ◆ Ramo de atividade inicial: Bebidas
- ◆ Ramo de atividade atual: Bebidas
- ◆ Capital: N/A

Fundada em 1905 por Alfredo Roberto Sell no município de Rancho Queimado-SC, essa empresa centenária inicialmente funcionava como uma fábrica de cervejas chamada de Cervejaria Alfredo Sell e ficou conhecida com a bebida não alcoólica chamada Pureza. Hoje, a fábrica que produz as bebidas Pureza chama-se Bebidas Leonardo Sell, ainda localizada no mesmo local de fundação, e a linha de produtos Pureza inclui refrigerantes, xaropes e água mineral. A empresa centenária ainda permanece no gerenciamento familiar.

92. Regina — Barbosa & Marques

- ◆ Fundação: 1915
- ◆ Ramo de atividade inicial: Sabão
- ◆ Ramo de atividade atual: Laticínios
- ◆ Capital: Fechado

Essa empresa centenária familiar teve o início de suas atividades no ano 1915, no município de Carangola-MG, por Antonio Marques e Francisco Barbosa, e a princípio dedicava-se ao ramo de produção de sabão. O sabão não foi seu único ramo de atividade, a Barbosa e Marques também já chegou a experimentar diferentes ramos, como refinaria de açúcar, torrefação de café, produção de massas para macarrão, criação de suínos, entre outros. Atualmente dedica-se à produção de laticínios, em específico o queijo, e atua com o funcionamento de suas duas unidades localizadas no estado de Minas Gerais.

93. Restaurante Bar Brasil

◆ Fundação: 1907

◆ Ramo de atividade inicial: Restaurante

◆ Ramo de atividade atual: Restaurante

◆ Capital: N/A

Essa empresa longeva foi fundada por imigrantes austríacos no Rio de Janeiro-RJ em 1907. Seu nome inicial era Bar Zeppelin, produzindo e comercializando refeições da culinária alemã. Atualmente a empresa centenária segue no seu ramo e seu local iniciais, com tradição e muita história para contar.

94. Restaurante e Bar do Alemão

◆ Fundação: 1902

◆ Ramo de atividade inicial: Padaria

◆ Ramo de atividade atual: Restaurante e choperia

◆ Capital: N/A

Fundado em 1902 pelo imigrante alemão Adolf Steiner e seu filho Max, a princípio era uma padaria e confeitaria alemã no centro de Itu-SP. Com o tempo, o espaço foi se adaptando a novas demandas de mercado, passando a servir cerveja alemã e o destilado de bagas de zimbro: Steinhäger. Para acompanhar as bebidas, Max fazia um bife a cavalo com molho de tomate e cebola. Daí a virar um restaurante foi um passo!

Atualmente o restaurante, dirigido pela quarta geração da família Steiner, notabiliza-se pelo cardápio recheado de pratos da culinária alemã, porém o prato mais famoso é o filé à parmegiana, incorporado ao cardápio nos anos de 1960, que atrai comensais de todo o país para saboreá-lo.

95. Rotermund

- ◆ Fundação: 1877
- ◆ Ramo de atividade inicial: Gráfica
- ◆ Ramo de atividade atual: Gráfica e papelaria
- ◆ Capital: Fechado

A Rotermund foi fundada no estado do Rio Grande do Sul, em 1877, pelo pastor e imigrante alemão Wilhelm Rotermund e sua esposa Marie Rotermund. A empresa iniciou suas atividades como uma gráfica e atualmente é uma fábrica gráfica e papelaria, até hoje sob direção da família Rotermund, e localiza-se no município de São Leopoldo-RS.

96. Santanense

- Fundação: 1891
- Ramo de atividade inicial: Têxtil
- Ramo de atividade atual: Têxtil
- Capital: Aberto

Essa empresa centenária foi fundada em 1891 no município de Itaúna-MG pelo seu criador Manoel José de Sousa Moreira, atuando no ramo têxtil, na produção de roupas. Atualmente, a Santanense produz roupas especiais para trabalho e roupas *sportswear*; é controlada pela Companhia de Tecidos Norte de Minas (Coteminas), empresa de cama, mesa, banho e decoração, que, por sua vez, faz parte da Springs Global, formada pela Coteminas e pela Springs US.

97. São Joaquim

- Fundação: 1898
- Ramo de atividade inicial: Torrefação de café
- Ramo de atividade atual: Torrefação de café
- Capital: N/A

Fundada em 1898, essa empresa centenária teve como idealizador o imigrante português Joaquim Duarte Barbosa, na cidade de Campinas-SP. A empresa ainda segue em sua atividade original, a torrefação de cafés, até os dias de hoje. Em 2010, a empresa Caiçara Alimentos, também dona de outras marcas de café, adquiriu a São Joaquim.

98. Saraiva

- ◆ Fundação: 1914

- ◆ Ramo de atividade inicial: Livraria

- ◆ Ramo de atividade atual: Livraria e editora

- ◆ Capital: Aberto

A Saraiva foi fundada em 1914 pelo imigrante português Joaquim Ignácio da Fonseca Saraiva, em São Paulo-SP. Inicialmente, a empresa atuava como um sebo, que é uma livraria de livros usados, e atualmente é uma editora. Hoje, a empresa centenária encontra-se em recuperação judicial.

99. Selmi

- ◆ Fundação: 1887

- ◆ Ramo de atividade inicial: Patifício

- ◆ Ramo de atividade atual: Alimentos

- ◆ Capital: Fechado

A Selmi foi fundada em 1887 pelo imigrante italiano Adolpho Selmi, iniciando suas atividades de produção de massas no município de Campinas-SP. Atualmente, tem uma linha de massas, queijos ralados, biscoitos, azeite e farináceos; possui duas unidades fabris, uma em Sumaré-SP e outra em Rolândia-PR; e conta com exportações para mais de trinta países.

100. Sicredi

- ◆ Fundação: 1902
- ◆ Ramo de atividade inicial: Cooperativa de crédito
- ◆ Ramo de atividade atual: Cooperativa de crédito
- ◆ Capital: Fechado

Essa empresa centenária foi fundada em 1902 pelo padre Theodor Amstad, que deu origem à cooperativa, criada em Nova Petrópolis--RS, considerada a primeira cooperativa de crédito do Brasil (SICREDI, 2014). Atualmente, a Sicredi está ao redor de todo o Brasil e conta com mais de 30 mil funcionários espalhados pelas mais de 2 mil agências da companhia, possuindo R$189,1 bilhões em ativos, conforme dados de agosto de 2021 retirados do site da empresa (CONFEDERAÇÃO SICREDI, 2021).

101. Siemens

- ◆ Fundação: 1905
- ◆ Ramo de atividade inicial: Energia
- ◆ Ramo de atividade atual: Energia, tecnologia e consultoria
- ◆ Capital: N/A

Essa empresa centenária foi fundada em Berlim, por Werner von Siemens e Johann Georg Halske, em 1847, iniciando no ano de 1905 suas atividades no Rio de Janeiro-RJ. Desde o início das suas atividades no Brasil, teve muito êxito na formação de infraestrutura no país, por meio de sistemas de telégrafos, sistemas telefônicos, criação de turbinas e geradores e abertura de fábricas de transformadores. Até hoje, atua na produção de eletricidade. O faturamento de 2020 foi superior a R$2,7 bilhões de reais (SIEMENS, 2020).

102. Souza Cruz

- ◆ Fundação: 1903
- ◆ Ramo de atividade inicial: Tabaco
- ◆ Ramo de atividade atual: Tabaco
- ◆ Capital: Fechado

A Souza Cruz foi fundada em 1903 no Rio de Janeiro pelo imigrante português Albino Souza Cruz, com a fabricação de cigarros. Sendo a Souza Cruz uma Sociedade Anônima há mais de cem anos, o grupo British American Tobacco (BAT), desde 1914 já tinha envolvimento, por meio das ações desta empresa centenária. Em 2015, o grupo BAT adquiriu a maior parte das ações da Souza Cruz, o qual teve, posteriormente, seu nome alterado para BAT Brasil, mas ainda segue fabricando tabaco e as marcas de cigarros da Souza Cruz.

103. SulAmérica Seguros

- ◆ Fundação: 1895
- ◆ Ramo de atividade inicial: Seguros
- ◆ Ramo de atividade atual: Seguros
- ◆ Capital: Aberto

Fundada no ano de 1895, por Dom Joaquim Sanchez de Larragoiti, no Rio de Janeiro-RJ, a SulAmérica iniciou suas atividades por meio de serviços de seguros de vida. Atualmente, oferece seguro de vida, previdência privada, gestão de ativos e planos médicos e odontológicos. A SulAmérica é controlada pela Sulasapar Participações S.A. e, em 2020, registrou um lucro líquido total de R$2,3 bilhões.

104. Tramontina

- ◆ Fundação: 1911
- ◆ Ramo de atividade inicial: Ferraria
- ◆ Ramo de atividade atual: Produção de utensílios domésticos
- ◆ Capital: Fechado

Essa empresa longeva foi fundada em 1911 por Valentim e Elisa Tramontina, no município de Carlos Barbosa-RS, e era, inicialmente, uma ferraria. Atualmente, a Tramontina fabrica uma grande variedade de utensílios domésticos em suas dez unidades fabris espalhadas pelo Brasil e demais unidades ao redor do mundo. No ano de 2020, faturou R$8,3 bilhões, 39% maior do que em 2019 (YOSHIDA, 2021).

105. Trevisan Alimentos

- ◆ Fundação: 1910
- ◆ Ramo de atividade inicial: Comércio de secos e molhados
- ◆ Ramo de atividade atual: Alimentos (beneficiamento de arroz)
- ◆ Capital: N/A

Fundada em 1910 por João Trevisan, no município de Santa Maria-RS, iniciou suas atividades como um armazém de secos e molhados e foi só em meados de 1938 que passou a produzir arroz, soja e trigo. Atualmente, a empresa segue exclusivamente com a linha de arroz e atua também internacionalmente, por meio de representantes de vendas.

106. Usina Ester

- ◆ Fundação: 1898
- ◆ Ramo de atividade inicial: Produção de açúcar e álcool
- ◆ Ramo de atividade atual: Produção de açúcar, álcool e destilados
- ◆ Capital: Fechado

Fundada em 1898 no município de Cosmópolis-SP, pelos empresários Arthur Nogueira, Paulo de Almeida Nogueira, José Paulino Nogueira, Sidrack Nogueira e Antônio Carlos Silva Telles, essa empresa recebeu esse nome em homenagem à esposa de um dos fundadores, Paulo Nogueira. Seguindo o mesmo ramo de atividade desde o início, a Usina Ester trabalha até hoje no refino do açúcar para indústrias e na transformação do açúcar em etanol e destilado alcoólico, utilizado na produção de bebidas alcoólicas em geral.

107. Usina Furlan

- ◆ Fundação: 1910
- ◆ Ramo de atividade inicial: Produção de açúcar e álcool
- ◆ Ramo de atividade atual: Produção de açúcar, álcool e destilados
- ◆ Capital: Fechado

Essa empresa centenária foi fundada em 1910 por Antonia Fagnoli Furlan e seus seis filhos na região de Santa Bárbara D'Oeste-SP. Desde o princípio, essa organização funciona como uma refinaria de açúcar, trabalhando na transformação desse princípio energético e alimentício. Atualmente segue com o mesmo tipo de atividade, mas ampliando seu portfólio para diversas áreas correlatas.

108. Usina União

- ◆ Fundação: 1895

- ◆ Ramo de atividade inicial: Produção de açúcar e álcool

- ◆ Ramo de atividade atual: Produção de açúcar, álcool e destilados

- ◆ Capital: Fechado

Fundada em 1895 pelo Major Manoel Antônio dos Santos Dias, no município de Escada-PE, a Usina União atua na produção de açúcar para comercialização, cultivo de cana-de-açúcar e fabricação dos subprodutos com os derivados dessa matéria-prima, também atuando nos ramos sucroalcooleiro e de energia.

109. Vigor S.A.

- ◆ Fundação: 1917

- ◆ Ramo de atividade inicial: Laticínios

- ◆ Ramo de atividade atual: Laticínios

- ◆ Capital: Fechado

A Vigor S.A. foi fundada no ano de 1917 e é uma empresa de laticínios desde então. Inicialmente se chamava Oliva da Fonseca Indústria Comércio Ltda., funcionando com duas unidades, uma em São Paulo-SP e outra em Itanhandu-MG. Essa empresa centenária possui nove linhas de laticínios diferentes e atua na produção de queijos, iogurtes e margarinas. Desde 2017, a Vigor S.A. é controlada pelo Grupo Lala, empresa mexicana.

110. Villemor Amaral Advogados

- ◆ Fundação: 1909

- ◆ Ramo de atividade inicial: Advocacia

- ◆ Ramo de atividade atual: Advocacia

- ◆ Capital: N/A

Essa empresa centenária foi fundada em 1909 no Rio de Janeiro-RJ por Hermano de Villemor Amaral. Atualmente, esse escritório de advocacia está presente no Rio de Janeiro, São Paulo e Brasília. O foco dessa empresa é advogar em diversas áreas empresariais, tais como petróleo e gás, energia elétrica, direito marítimo, ambiental, imobiliário e trabalhista, entre outras áreas específicas.

111. Vinícola Salton

- ◆ Fundação: 1910

- ◆ Ramo de atividade inicial: Vinicultura

- ◆ Ramo de atividade atual: Vinicultura

- ◆ Capital: Fechado

Fundada em Bento Gonçalves-RS, em 1910, pelos irmãos Paulo, Angelo, João, Cesar, Luis e Antonio, filhos do imigrante italiano Antonio Domenico Salton, a Vinícola Salton é, desde o princípio, uma empresa fabricante de vinhos e derivados. Nos dias atuais, produz desde vinhos e espumantes até sucos, chás e destilados, e segue controlada pela família Salton. Possui três unidades, uma ainda no mesmo local de fundação, em Bento Gonçalves-RS, outra na cidade de São Paulo-SP e uma fábrica em Jarinu-SP, com um faturamento anual de mais de R$400 milhões (MATTOS, 2020).

112. Votorantim

- ◆ Fundação: 1918

- ◆ Ramo de atividade inicial: Têxtil

- ◆ Ramo de atividade atual: Conglomerado industrial (cimento, energia, química, siderurgia, alumínio, finanças, celulose, papel etc.)

- ◆ Capital: Fechado

Essa empresa centenária foi fundada em 1918 no atual município de Votorantim-SP, à época distrito de Sorocaba, pelo imigrante português Antonio Pereira Ignácio, e em 1925, seu genro, o pernambucano José Ermírio de Moraes, entrou para a gestão da companhia. Inicialmente, a Votorantim atuava no ramo têxtil e, em meados dos anos 1930, ampliou seu portfólio e passou a produzir cimentos, um de seus carros-chefe.

Atualmente, é controlada integralmente pela administradora Hejoassu S.A., que por sua vez controla a Votorantim Cimentos, a Votorantim Energia, a Companhia Brasileira de Alumínio (CBA), a

Citrosuco, o Banco Votorantim, a Altre Investimentos Imobiliários, entre outros negócios. Conforme dados de 2020, a Votorantim conta com uma receita líquida de R$36,7 bilhões e 34 mil empregados espalhados em 19 países em 515 unidades do grupo, segundo a apresentação institucional da empresa para o primeiro trimestre de 2021 (VOTORANTIN, 2021b).

113. Wilson Sons

- Fundação: 1837
- Ramo de atividade inicial: Serviços portuários
- Ramo de atividade atual: Serviços portuários
- Capital: Aberto

Fundada em 1837 por Edward Pellew Wilson, em Salvador-BA, a Wilson Sons desde o princípio é uma companhia que presta serviços portuários, marítimos e logísticos terrestres, mas inicialmente também comercializava carvão e outros tipos de mercadorias. No segundo trimestre de 2021, a empresa registrou receita líquida de R$96,4 milhões e atualmente é controlada pela OW Overseas (Investments) Limited, subsidiária integral da Ocean Wilsons Holding Limited (WILSON SONS, 2021b).

114. Ypióca

- Fundação: 1846
- Ramo de atividade inicial: Bebidas
- Ramo de atividade atual: Bebidas
- Capital: Fechado

Fundada em 1846 pelo imigrante português Dario Telles de Menezes, no município de Maranguape-CE, a Ypióca começou suas atividades na produção de aguardente e a marca até hoje é conhecida pela bebida. O Grupo Telles, empresa da família fundadora, atua nos ramos de combustíveis, agroindústria, entretenimento etc. Atualmente, a marca Ypióca pertence ao grupo Diageo, também controlador das marcas Johnnie Walker, White Horse, Smirnoff, entre outras.

6.2. Perfis recorrentes

Organizações longevas tiveram um árduo trabalho para resistir aos contratempos e adaptar-se às múltiplas realidades impostas ao longo dos seus anos de vida. Desde as empresas de pequeno porte até as de grande porte, todas tiveram seu estabelecimento modificado de alguma maneira, devido a fatores internos e externos no ambiente.

EMPRESA BÔNUS

A Nestlé, famosa empresa de alimentos e conhecida pelos seus chocolates sortidos, completa cem anos no Brasil no ano de 2021. A comercialização de produtos Nestlé começou há mais de cem anos, mas a primeira fábrica brasileira foi instalada no município de Araras-SP, onde produziam inicialmente leite condensado.

Atualmente, a Nestlé segue se desenvolvendo como uma forte empresa no mercado com mais de cinquenta marcas em seu portfólio.

As empresas longevas comprovam que nenhuma companhia se encontra inerte perante as condições que as permeiam. Pequenos estabelecimentos perenes como a Padaria 14 de Julho, a Padaria Basilicata, o Restaurante Bar Brasil, a Casa Cavé e inúmeros outros validam, por meio de sua história, que é imprescindível *reagir* diante das modificações e dos desafios que se apontam para a empresa. Não são estabelecimentos que têm como perfil a modificação de ramo de atividade, mas não se mantiveram estáticos perante as situações que foram colocadas para eles ao longo do tempo, e sua reação trouxe longevidade para eles até os dias atuais.

Essas companhias tiveram a capacidade de atualizar seus processos e melhorar a sua performance com base naquilo que já existia em seu ramo de atividade; são empresas que incrementaram, por exemplo, seu cardápio, repaginaram sua imagem comercial e seu espaço físico, passaram a atuar pelo sistema *delivery* para entrega de produtos, entre outras maneiras, a princípio despretensiosas, mas que resultam na melhora do desempenho organizacional. Nenhuma ação termina sem reação para as empresas de sucesso.

Médios e grandes estabelecimentos também validam que é possível ousar nas opções antes de definir os objetivos da empresa. Seu porte mais robusto permite uma extensão de novas possibilidades dentro do mercado. Eles demonstram que é saudável experimentar as oportunidades e ampliar-se para novos nichos de mercado. Existem empresas centenárias que podem comprovar essa afirmação: a Trevisan Alimentos, que começou como um comércio de secos e molhados e agora é uma empresa de alimentos voltada ao beneficiamento de arroz; e a Tramontina, que iniciou suas atividades como uma ferraria e hoje se destaca na produção de utensílios domésticos.

As empresas centenárias detalhadas neste capítulo são companhias que possuem características e curiosidades que marcaram sua existência no Brasil. São empresas que impactam a sociedade de alguma forma e estão cientes desse propósito. Elas estão presentes para comprovar que o porte não determina sucesso, mas a estratégia sim.

Ao longo do texto, foi possível perceber que as organizações centenárias possuem alguns comportamentos em comum que dependem do perfil organizacional. Considerando isso, elas se subdividem em algumas categorias que as distinguem melhor e podem ajudar a compreender o comportamento dessas companhias longevas. O perfil de cada empresa varia de acordo com os objetivos da organização, seu porte e seus ramos de atividade, sendo o mais importante para a determinação do perfil o objetivo organizacional. Além disso, pode haver empresas que tenham os dois estilos, em diferentes proporções, ou que estejam no meio dessa linha, partilhando características nos dois perfis, conforme demonstramos na Figura 7.

Figura 7
Variação e permeabilidade do perfil organizacional das empresas centenárias

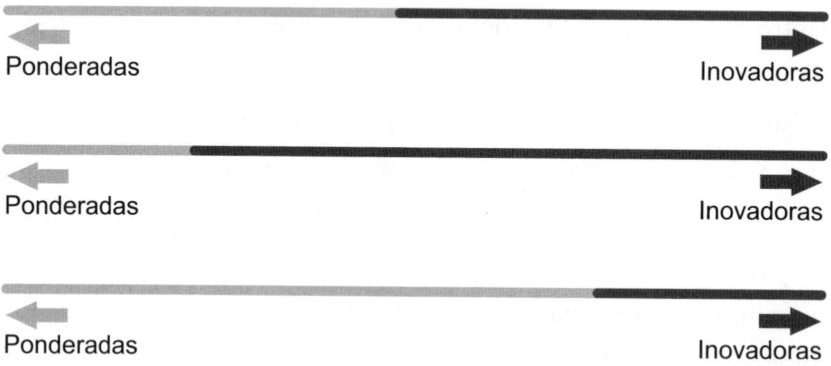

Ponderadas — Inovadoras

Ponderadas — Inovadoras

Ponderadas — Inovadoras

FONTE: ELABORADO PELOS AUTORES.

Vamos entender melhor cada um desses perfis:

- **Ponderadas:** são empresas que tendem a seguir apenas um ramo de atividade e se desempenham e se desenvolvem somente nele ao longo de sua existência. Esse perfil organizacional costuma ser composto por empresas de pequeno porte que são fortemente alinhadas aos seus produtos e serviços tradicionais.

- **Inovadoras:** são companhias que se inclinam aos novos e diversificados ramos de atividade e, mesmo que, a princípio, não tenham domínio sobre a área, buscam rapidamente o conhecimento necessário. Esse perfil organizacional geralmente é constituído por empresas mais estruturadas financeiramente, normalmente de médio a grande porte, que dão maior relevância ao seu nome e à sua marca no mercado.

Além de existir essa diferenciação entre os perfis, conforme citamos, há elementos comportamentais nas empresas centenárias que exemplificam sua trajetória de vida organizacional. São características que não são definidas por padrão, pois podem mudar no decorrer do tempo e dependendo de algumas condições internas e externas.

A seguir, elencamos essas características encontradas em ambos os perfis organizacionais que podem ser analisadas e utilizadas no contexto de outras empresas brasileiras, bem como alguns exemplos de estratégias das empresas centenárias, com as informações que conseguimos captar por meio do histórico delas:

◆ **Empresas centenárias possuem capacidade de ser memoráveis:** as empresas centenárias são fortemente reconhecidas pelos seus produtos e serviços; muitas delas possuem histórico de venda total das ações para outra empresa ou fusão com organizações maiores, e, mesmo assim, não puderam ser desintegradas. A sua imagem construída é mais forte do que fusões, vendas ou gestões diferentes que venham controlá--las. Embora possa parecer arriscado ser extremamente conhecida e comentada pelos interessados por conta da marca, produto ou serviço que a empresa fornece, certamente serão eles que farão com que ela seja lembrada pelo público. A marca não se refere apenas àquilo que a organização produz, mas também à imagem que ela transmite aos seus interessados e faz com que sejam lembradas. Um exemplo disso é a Matte Leão, que hoje se chama Leão Alimentos. Essa empresa longeva hoje pertence à Coca-Cola e fabrica outras bebidas além do tradicional chá Matte Leão. A Leão Alimentos é fundamentalmente conhecida pelo seu produto e pela sua marca e, mesmo não produzindo exclusivamente os chás, ainda assim é lembrada e reconhecida por eles.

◆ **Empresas centenárias não dependem exclusivamente do fundador:** se as empresas longevas que conhecemos hoje fossem dependentes dos seus fundadores, possivelmente já teriam sucumbido, inevitavelmente, ao tempo e à expectativa de vida humana deles. O que as empresas centenárias demonstram que realmente precisam e buscam são pessoas focadas em seus objetivos e alinhadas com a sua história, missão, visão, valores e demais atitudes que o fundador deve passar para o sucessor, e o sucessor ao gestor, e o gestor ao operador, e assim por diante. Observe que o fundador pode ter originado a ideia inicial, mas não será ele o único responsável por manter essa corrente viva até os anos futuros da companhia. Muitas empresas longevas do estudo indicaram maior sucesso após uma sucessão ou uma troca de gestão, comprovando que é possível uma empresa se desenvolver sem o controle do fundador, contanto que os objetivos organizacionais sejam firmemente propagados e evoluídos ao longo da existência da companhia. Um exemplo disso é a empresa centenária Regina — Barbosa e Marques, que após um tempo presenciou a saída de um dos fundadores, o Francisco Barbosa, mas continuou se desenvolvendo através e após a gestão de Antonio Marques, mantendo ainda as mesmas características da companhia, inclusive o nome; ou também a Votorantim, que teve como fundador Antonio Pereira Ignácio, mas é sempre lembrada pela gestão de José Ermírio de Moraes, não dependendo exclusivamente do seu fundador para continuar a se desenvolver, apesar de seu papel crucial na constituição da empresa.

- ◆ **Empresas centenárias não têm medo de mudança:** muitas empresas são constituídas com o propósito voltado a um único objetivo e um único nicho de mercado, mas muitas das empresas perenes não agem dessa forma. Se as organizações longevas veem uma oportunidade útil para elas, mesmo sendo fora do seu ramo de atuação, elas são capazes de desenvolver formas de adequar tal oportunidade ao seu nicho. Em toda a marcante e longa vida das organizações centenárias, elas buscam sair da sua "zona de conforto", e o principal alvo delas está justamente nas novas oportunidades de mercado. O mundo empresarial vive uma constante mutação e está repleto de companhias em infinita concorrência, logo, vence aquela empresa que ampliar a visão, dentro da realidade competitiva do seu ramo, do seu perfil empresarial e dos seus objetivos, para alcançar as melhores oportunidades. Um exemplo de empresa que não deixou de aproveitar suas oportunidades é a Nadir Figueiredo, que já foi apenas uma oficina de máquinas de escrever, mudou completamente seu ramo de atividade para atuar no setor de utensílios domésticos e segue nessa área até hoje, mas não antes de se aventurar na fabricação de munições para armas e artigos para iluminação; e também a Alpargatas, que já foi conhecida por, além de produzir sandálias, também fabricar mochilas, fardas para soldados e barracas durante períodos de guerras — aproveitando a oportunidade condicional —, sendo conhecida também pelos tênis Conga. Atualmente, é mundialmente reconhecida pela sua marca Havaianas.

◆ **Empresas centenárias não se mantêm estáticas:** as empresas longevas acreditam que tudo que está bom pode melhorar. A sociedade tem evoluído ao longo do tempo e, com essa evolução, os desejos de consumo, os comportamentos e as preferências do público também se modificaram. Embora nem todas as empresas centenárias tenham mudado ou ampliado seu ramo de atuação, ainda assim não permaneceram com o mesmo comportamento ou as mesmas características da marca ao longo dos seus prolongados anos de vida, considerando as novas demandas mercadológicas e a atitude mutável dos consumidores finais de seus produtos e serviços. O segredo dessas companhias não está firmado na ampliação do ramo de atividade, mas na exploração e no aproveitamento daquele ramo que elas já assumem e na busca pelo domínio dele. A Selmi é um exemplo desse item, pois inicialmente foi constituída para ser uma empresa do ramo alimentício, fabricante de massas de macarrão, mas foi capaz de esquadrinhar as suas oportunidades dentro do mesmo ramo, e atualmente, além das massas, também produz queijos ralados, farináceos, biscoitos e azeites.

- ◆ **Ampliar para centralizar:** há empresas que iniciam suas atividades sem um objetivo único definido e contam com diversas áreas de atuação ou fabricam uma ampla variedade de itens. Isso é comum quando se trata de uma empresa jovem, cheia de ideias e de intenções. Acontece que gerir produtos e serviços é uma prática que pode ser um tanto complicada e, quando pensamos em uma jovem empresa, que não possui estruturas física e financeira estáveis, o desafio pode ser ainda maior. Não é a maioria dos casos, mas algumas empresas centenárias no início da sua constituição já foram empresas com objetivos amplos, mas provavelmente incertos, de forma que atuavam na produção de uma série de mercadorias diferentes e não ganhavam visibilidade por conta dessa amplitude. Recomenda-se que o processo de ampliação de ramos de atividade, para que seja saudável e com ganhos, deve ser considerado e planejado após a etapa de estabilidade da companhia, na qual os detalhes primordiais para a existência da organização, como capital de giro, estabilidade financeira e fidelização do público já tenham sido determinados. Um exemplo de empresa centenária de sucesso que "enxugou" seu ramo de atividades e se desenvolveu melhor após isso é a Amadeo Rossi, que começou suas atividades comercializando utensílios domésticos, materiais agrícolas e artigos de montaria e, alguns anos depois, começou a atuar também em armamentos de caça. Hoje, a empresa é fundamentalmente conhecida pela atuação no ramo de armamentos, com a fabricação de armas Airgun e Airsoft.

A trajetória que nos trouxe até aqui evidencia que todo motivo de sucesso empresarial resulta em admiração e anseio pela descoberta das boas práticas que levaram a esse resultado positivo. As organizações centenárias possuem uma infinidade de características de sucesso e, embora essas sejam um segredo de negócio para cada uma delas, há certas informações e comportamentos que podem ser revelados mesmo que não sejam informações abertas aos interessados. São detalhes que podem ser vistos por todos, mas apenas podem ser aproveitados se percebidos de forma analítica pelas outras organizações. Não são "receitas de bolo", mas boas práticas que conduzem ao sucesso e que qualquer empresa pode aplicá-las conforme sua realidade.

Uma lição: os bares do Rio de Janeiro

Você deve ter percebido que existem muitos bares e restaurantes centenários no Rio de Janeiro. São estabelecimentos que resistiram, seja por meio da comercialização tradicional ou funcionando como bares e armazéns, por exemplo, enquanto outros seguiram para confeitaria e pratos mais refinados e personalizados.

Por conta da pandemia ocasionada pelo coronavírus, muitos desses estabelecimentos cariocas se fecharam. Segundo Lemos (2020) em uma coluna para a UOL com o Sindicato dos Bares e Restaurantes do Rio (Sindrio) dados revelaram que, de 1.200 bares na região, 40% deles fecharam as portas.

Pensando na grande quantidade de empresas que fazem a mesma atividade entre si, a história da companhia e sua tradição nem sempre conseguem ser suficientes para reunir clientes e conseguir regular a competitividade entre a concorrência. Em um ambiente cheio de competitividade e fatores internos e externos, ganha aquele que se destacar.

Um fator de sucesso para os pequenos negócios do ramo hoteleiro no Rio de Janeiro foi a abertura para entrada de tecnologias que aproximam o cliente do produto a ser consumido, por meio de plataformas digitais. Empresas centenárias são conhecidas por aproveitar oportunidades no momento oportuno.

6.3. Agora é com você!

Reúna-se em grupo e selecione uma das organizações centenárias citadas e, de acordo com a história dela, trace uma linha do tempo com, pelo menos, três situações históricas no Brasil e no mundo que aconteceram no mesmo espaço de tempo que a história da companhia selecionada. Busque identificar as decisões que as empresas tiveram que tomar durante essas situações.

Dica: Você pode pesquisar em sites de origem confiável, artigos, reportagens ou vídeos institucionais da própria organização.

Referencial Bibliográfico

Básico

ADIZES, I. **O Ciclo de Vida das Organizações**: como e por que as empresas crescem e morrem e o que fazer a respeito. São Paulo: Pioneira, 1993.

BERNHOEFT, R.; MARTINEX, C. **Empresas Brasileiras Centenárias**: a história de sucesso de empresas familiares. Rio de Janeiro: Agir, 2011.

BERTERO, C. O.; KEINERT, T. M. M. A evolução da análise organizacional no Brasil (1961-93). **Revista de Administração de Empresas — RAE**, São Paulo, v. 34, n. 3, p. 81-90, maio/jun. 1994. Disponível em: https://rae.fgv.br/sites/rae.fgv.br/files/artigos/10.1590_S003475901994000300008.pdf. Acesso em: 28 set. 2018.

CHIAVENATO, I. **Administração**: teoria, processo e prática. 5. ed. Barueri: Manole, 2014a.

CHIAVENATO, I. **Comportamento Organizacional**: a dinâmica do sucesso das organizações. 3. ed. Barueri: Manole, 2014b.

CHIAVENATO, I. Natureza e Desafios Atuais da Administração. In: CHIAVENATO, I. **Administração nos Novos Tempos**. 2. ed. Rio de Janeiro: Elsevier, 2005. cap. 1, p. 3-30.

DRUCKER, P. F. **Inovação e Espírito Empreendedor**: práticas e princípios. Ed. rev. São Paulo: Cengage Learning, 2016.

GEUS, A. de. **A Empresa Viva**. Rio de Janeiro; São Paulo: Campus; PubliFolha, 1999.

MAXIMIANO, A. C. A. **Administração para Empreendedores**: fundamentos da criação e da gestão de novos negócios. São Paulo: Pearson Prentice Hall, 2006.

MAXIMIANO, A. C. A. **Empreendedorismo**. São Paulo: Pearson Prentice Hall, 2012.

MENDONÇA, L. E. C. de. História de empresas brasileiras: tem espaço na academia? Questionamentos exploratórios e conclusões preliminares. **Revista Eletrônica de Administração — REAd**, Porto Alegre, v. 7, n. 4, p. 1-14, set. 2001. Disponível em: http://www.unicap.br/pages/professorcarvalheira/?p=12. Acesso em: 21 dez. 2022.

PORRAS, J. I.; COLLINS, J. C. **Feitas para Durar**: práticas bem-sucedidas de empresas visionárias. Rio de Janeiro: Rocco, 1995.

SERVIÇO BRASILEIRO DE APOIO ÀS MICRO E PEQUENAS EMPRESAS — SEBRAE. Sobrevivência das empresas no Brasil.

Sebrae, 2016. Disponível em: http://datasebrae.com.br/sobrevi-vencia-das-empresas/#taxa. Acesso em: 24 set. 2018.

SOBRAL, F.; PECI, A. **Administração**: teoria e prática no contexto brasileiro. 2. ed. São Paulo: Pearson Education do Brasil, 2013.

VIANNA, M. A. F. Empresas longevas. **Conjuntura Econômica**, p. 58, out. 2002. Disponível em: http://bibliotecadigital.fgv.br/ojs/index.php/rce/article/viewFile/31060/29863. Acesso em: 16 jul. 2018.

Complementar

14 DE JULHO. **Padaria 14 de Julho**, c[2021]. História: tradição cen-tenária. Disponível em: http://www.14dejulho.com.br/historia/. Acesso em: 25 set. 2021.

ALPARGATAS. **Alpargatas**, c[2021]. Relação com investidores. Disponível em: https://ri.alpargatas.com.br/show.aspx?idMate-ria=pJ+yCLfnGM2xnIOH84A/0A==%3E%20.%20. Acesso em: 2 ago. 2021.

AMBEV S.A. **Brahma**, c[2021]. Nossa história. Disponível em: ht-tps://www.brahma.com.br/cervejas/nossa-historia. Acesso em: 15 dez. 2021.

ARMCO STACO. **Armco Staco**, c[2011]. Linha do tempo ARMCO STACO. Disponível em: https://www.armcostaco.com.br/pt/ins-titucional/1.html. Acesso em: 2 ago. 2021.

ARMCO. **Armco**, c[2021]. Sobre a ARMCO. Disponível em: http://www.armco.com.br/?page_id=406. Acesso em: 27 ago. 2021.

ASSOCIAÇÃO COMERCIAL DE SÃO PAULO. **Associação Comercial de São Paulo,** c[2021a]. História. Disponível em: https://acsp.com.br/publicacao-institucional/s/historia. Acesso em: 2 ago. 2021.

ASSOCIAÇÃO COMERCIAL SÃO PAULO. **Associação Comercial São Paulo,** c[2021b]. Antônio Proost Rodovalho. Disponível em: http://app.acsp.com.br/galeriapresidentes/item-single.html?id=0. Acesso em: 27 ago. 2021.

AZEVEDO BENTO. **Azevedo Bento,** c[2021]. Nossa história. Disponível em: https://azb.poa.br/empresa/. Acesso em: 12 ago. 2021.

BAR BRASIL. **Bar Brasil,** c[2021a]. História. Disponível em: https://restaurantebarbrasil.com.br/restaurante-alemao/. Acesso em: 25 set. 2021.

BAR BRASIL. **Bar Brasil,** c[2021b]. Histórias e curiosidades. Disponível em: https://www.barluiz.com.br/#curiosidades. Acesso em: 11 out. 2021.

BAR DO ALEMÃO. **Bar do Alemão,** c[2021]. História do Bar do Alemão de Itu. http://www.bardoalemaodeitu.com.br/. Acesso em: 25 set. 2021.

BASILICATA. **Basilicata,** c[2021]. Nossa história. Disponível em: https://www.basilicata.com.br/. Acesso em: 25 set. 2021.

BAT BRASIL. **Bat Brasil,** c[2021]. Nossa história. Disponível em: https://www.batbrasil.com/group/sites/SOU_AG6LVH.nsf/vwPagesWebLive/DOAG7DXA?opendocument. Acesso em: 9 out. 2021.

BIANCHETTI, M. Casa Salles pode virar museu do comércio. **Diário do Comércio,** 9 jul. 2021. Disponível em: https://diariodocomercio.com.br/negocios/casa-salles-pode-virar-museu-do-comercio/. Acesso em: 18 ago. 2021.

BOLSA DE VALORES DE SÃO PAULO — BOVESPA. **Excelsior Alimentos S.A.** [s.d.]. Disponível em: http://bvmf.bmfbovespa. com.br/cias-listadas/empresas-listadas/ResumoEmpresaPrincipal.aspx?codigoCvm=1570&idioma=pt-br. Acesso em: 9 set. 2021.

BRUSQUE MEMÓRIA. **Brusque Memória,** c[2018]. Antigo Cine Gracher. Disponível em: https://www.brusquememoria.com.br/acervo-imagem/3166. Acesso em: 12 ago. 2021.

CAFÉ LAMAS. **Café Lamas,** c[2021]. História. Disponível em: https://cafelamas.com.br/historia/. Disponível em: 2 ago. 2021

CAIÇARA ALIMENTOS. **Caiçara Alimentos,** c[2021]. Nossas Marcas: São Joaquim. Disponível em: https://www.cafecaicara. com.br/nossas_marcas/sao_joaquim/. Acesso em: 9 out. 2021.

CAIXA ECONÔMICA FEDERAL — CEF. **Caixa Econômica Federal,** c[2021]. Sobre a CAIXA. Disponível em: https://www. caixa.gov.br/sobre-a-caixa/apresentacao/Paginas/default.aspx. Acesso em: 15 dez. 2021.

CAMIL. **Camil,** c[2021]. Quem somos. Disponível em: https://camilalimentos.com.br/sobre-a-camil/quem-somos. Acesso em: 23 ago. 2021.

CARTA MUNDI. **Cartamundi,** c[2021]. Nossas Marcas. Disponível em: https://cartamundi.com/en/#. Acesso em: 30 ago. 2021.

CASA DA MOEDA DO BRASIL. **Casa da Moeda,** c[2021]. História da CMB. Disponível em: https://www.casadamoeda.gov.br/portal/socioambiental/cultural/historia-da-cmb.html. Acesso em: 2 ago. 2021.

CASTELO ALIMENTOS. Castelo Alimentos, c[2021]. História. Disponível em: https://www.casteloalimentos.com.br/empresa. Acesso em: 3 ago. 2021.

CATUPIRY. Catupiry, c[2021]. Nossa história. Disponível em: https://www.catupiry.com.br/a-catupiry/. Acesso em: 22 ago. 2021.

CEDRO TÊXTIL. **Demonstrações financeiras anais completas —** 2019. Disponível em: http://www.cedro.com.br/Investidores/DownloadsPDFS?PDFcaminho=~%2FViews%2FDownloads%2FInvestidores%2FDemonstracoes%2FCedro_Demonstracoes_Financeiras_2019.pdf . Acesso em: 02 ago. 2021

CEDRO TÊXTIL. **Relatório Anual 2020.** 2020. Disponível em: http://www.cedro.com.br/Investidores/DownloadsPDFS?PDF caminho=~%2FViews%2FDownloads%2FInvestidores% 2FRelatorioAnual%2FRelatorioAnual2020.pdf. Acesso em: 2 ago. 2021.

CHAVES, R. A história embutida. SZH, 15 out. 2016. Disponível em: https://gauchazh.clicrbs.com.br/cultura-e-lazer/almanaque/noticia/2016/10/a-historia-embutida-7789280.html. Acesso em: 7 set. 2021.

CHAVES, R. Gambrinus, o restaurante em atividade mais antigo do RS, completa 130 anos. SZH, 29 set. 2019. Disponível em: https://gauchazh.clicrbs.com.br/cultura-e-lazer/almanaque/noticia/2019/10/gambrinus-o-restaurante-em-atividade-mais-antigo-do-rs-completa-130-anos-ck2ccvdjf0aty01n3oebc8q57.html. Acesso em: 7 set. 2021.

CINE GRACHER. **Cine Gracher,** c[2020]. Como tudo começou... Disponível em: https://www.cinegracher.com.br/sobre. Acesso em: 12 ago. 2021.

COHEN, M. 12 curiosidades sobre o Matte Leão: da criação da empresa, em 1901, ao processo atual de fabricação da bebida. **Coca-Cola Brasil,** 23 nov. 2016. Disponível em: https://www.cocacolabrasil.com.br/historias/historia/12-curiosidades-sobre-o-matte-leao. Acesso em: 25 set. 2021.

COMPANHIA VALENÇA INDUSTRIAL. **Valença,** c[2021]. Nossa história. Disponível em: http://valenca.com.br/nossa-historia/. Acesso em: 28 set. 2021.

CONFEDERAÇÃO SICREDI. **Sicredi,** c[2021]. Sobre nós. Disponível em: https://www.sicredi.com.br/site/sobre-nos/. Acesso em: 2 out. 2021.

COTEMINAS. **Coteminas,** c[2021]. A companhia. Disponível em https://www.coteminas.com.br/scripts11/cgiip.exe/WService=coteminas/cot/emp/organograma.htm?dum=202110978937. Acesso em: 9 out. 2021.

CPFL. **CPFL,** c[2021]. Institucional. Disponível em: https://www.cpfl.com.br/institucional/quem-somos/Paginas/default.aspx. Acesso em: 11 ago. 2021.

D'ANDREA, G. Investir em conhecimento rende sempre os melhores juros. **InfoMoney,** 31 dez. 2012. Disponível em https://www.google.com/amp/s/www.infomoney.com.br/onde-investir/investir-em-conhecimento-rende-sempre-os-melhores-juros/amp/. Acesso em: 1 out. 2021.

DIAGEO. **Diageo,** c[2021]. Nossas marcas. Disponível em: https:// www.diageo.com/en/our-brands/brand-explorer/. Acesso em: 2 out. 2021.

EBERLE. **Eberle,** c[2021]. História. Disponível em: http://www. eberle.com.br/Historia. Acesso em: 25 set. 2021.

ELEKEIROZ. **Fato relevante:** deferimento do cancelamento de registro de cia aberta. 2 jul. 2020. Disponível em: https://www. elekeiroz.com.br/wp-content/uploads/2020/07/Fato-Relevante--Deferimento-do-Cancelamento-de-Registro-de-Cia-Aberta.pdf. Acesso em: 7 set. 2021.

EMPÓRIO Chiappetta. [*S. l.: s. n.*], [2011]. 1 vídeo. Publicado pelo canal Programa 5 minutos. Disponível em: https://www.youtube. com/watch?v=xOqIjlMpEVQ. Acesso em: 7 set. 2021.

ENERGISA. Energia lucra R$ 527,2 milhões em 2019. **Energisa,** [s. d]. Disponível em: https://ri.energisa.com.br/energisa-lucra-r-5272-milhoes-em-2019/#:~:text=Em%20 2019%2C%20o%20mercado%20total,6%25%20em%20rela%C3%A7%C3%A3o%20a%202018. Acesso em: 9 set. 2021.

ENERGISA. **Energisa,** c[2021]. Composição acionária e estrutura societária. Disponível em: https://ri.energisa.com.br/governanca--corporativa/composicao-acionaria-e-estrutura-societaria/. Acesso em: 9 set. 2021.

ESSENSE. **Essence,** c[2021]. Case stoody Brookfield. Disponível em: https://materiais.essenceit.com/case-study-brookfield. Acesso em: 21 ago. 2021.

ESTADÃO. História do Grupo Estado nos anos 2010. **O Estado de S. Paulo,** [s. d.]. Disponível em: https://acervo.estadao.com.br/historia-do-grupo/decada_2010.shtm. Acesso em: 1 out. 2021.

ESTER AGROINDUSTRIAL. **Ester Agroindustrial,** c[2021]. Produtos. Disponível em: https://www.esteragroindustrial.com.br/produtos/Produtos.aspx. Acesso em: 2 out. 2021.

EXAME. As PMEs que mais crescem no Brasil: o ranking das emergentes e as lições para tempos desafiadores. **Revista Exame,** 2016. Disponível em: https://www2.deloitte.com/content/dam/Deloitte/br/Documents/conteudos/pmes/PME-2016.pdf. Acesso em: 3 ago. 2021.

EXCELSIOR ALIMENTOS. **Excelsior Alimentos,** c[2021]. Histórico — Perfil. Disponível em: https://excelsior.ind.br/a-companhia/. Acesso em: 9 set. 2021.

FAMÍLIA SALTON. **Família Salton,** c[2021]. Conheça mais sobre a Salton. Disponível em: https://www.salton.com.br/a-salton. Acesso em: 2 out. 2021.

FIATECI. **Fiateci, c[2021].** História da FIATECI. Disponível em: https://fiateci.com.br/a-fiateci/. Acesso em: 15 de dez. 2021.

FONSECA, C. Após 138 anos e quatro gerações de Augustos, Casa Augusto fechará as portas em Porto Alegre. **GZH,** Porto Alegre, 3 jun. 2020. Disponível em: https://gauchazh.clicrbs.com.br/porto-alegre/noticia/2020/06/apos-138-anos-e-quatro-geracoes-de--augustos-casa-augusto-fechara-as-portas-em-porto-alegre-ckazveasi00gn015nl8z4xyyk.html. Acesso em: 12 ago. 2021.

FORBES MONEY. Global 2000: 21 maiores empresas brasileiras de capital aberto em 2021. **Forbes Money,** 13 maio 2021. Dis-

ponível em: https://forbes.com.br/forbes-money/2021/05/global-
-2000-21-maiores-empresas-brasileiras-de-capital-aberto-em-
-2021/#foto15. Acesso em: 12 ago. 2021.

FRISIA. **Frisia**, c[2021]. Nossa essência. Disponível em: https://
www.frisia.coop.br/nossa-essencia.html. Acesso em: 11 ago.
2021.

FUNDAÇÃO SICREDI. **A trajetória do Sicredi**: uma história de
cooperação. Porto Alegre: Fundação Sicredi, 2014. Disponível em: https://www.sicredi.com.br/html/memoria/trajetoria/
upload/publicacao.pdf. Acesso em: 2 out. 2021.

GARCIA, R. Marcas brasileiras centenárias que ainda estão ativas.
Revista Veja, São Paulo. 26 dez. 2017. Disponível em: https://ve-
jasp.abril.com.br/blog/memoria/marcas-brasileiras-centenarias-
-que-ainda-estao-ativas/. Acesso em: 11 ago. 2022.

GARCIA, R. No dia do chocolate, conheça 12 curiosidades sobre
a Lacta. **Revista Veja**, São Paulo, 7 jul. 2018. Disponível em:
https://vejasp.abril.com.br/blog/memoria/dia-do-chocolate/.
Acesso em: 07 set. 2021.

GASPAR, L. Usina União e Indústria. **Pesquisa Escolar**, Recife, ago.
2003. Disponível em: https://pesquisaescolar.fundaj.gov.br/pt-br/
artigo/usina-uniao-e-industria/. Acesso em: 2 out. 2021.

GERDAU. **Gerdau**, c[2021]. Perfil. Disponível em: https://www2.
gerdau.com.br/sobre-nos/perfil#page-18. Acesso em: 12 ago.
2021.

GHUNTER, L. F. Família Neugebauer volta ao mercado gaúcho
com Chocolateria Brasileira. **Jornal do Comércio**, 14 out. 2018.
Disponível em: https://www.jornaldocomercio.com/_conteudo/

economia/2018/10/652475-familia-neugebauer-volta-ao-merca-do-com-chocolateria-brasileira.html. Acesso em: 29 set. 2021.

GLOBO RURAL. Brasil quer ampliar em 60 mil toneladas a produção de amêndoas de cacau em 4 anos. **Globo Rural,** 26 mar. 2021a. Disponível em: https://revistagloborural.globo.com/Noticias/Agricultura/noticia/2021/03/brasil-quer-ampliar-em--60-mil-toneladas-producao-de-amendoas-de-cacau-em-4-anos.html. Acesso em: 7 set. 2021.

GLOBO RURAL. Frisia completa 95 anos com faturamento recorde em 2020. **Globo Rural,** 1 mar. 2021b. Disponível em: http://globorural.globo.com/Noticias/Empresas-e-Negocios/noticia/2021/03/frisia-completa-95-anos-com-faturamento-recorde--em-2020.html. Acesso em: 11 ago. 2021.

GRANADO. **Granado,** c[2021]. Sobre a Granado. Disponível em: https://www.granado150anos.com.br/. Acesso em: 20 set. 2021.

GRUPO DPSP. **Grupo DPSP,** c[2021]. Quem somos. Disponível em: https://www.grupodpsp.com.br/quem-somos/. Acesso em: 7 set. 2021.

GRUPO LALA. **Grupo Lala,** c[2021]. Nuestrahistoria. Disponível em: https://www.lala.com.mx/nuestra-historia. Acesso em: 2 out. 2021.

GRUPO MALWEE. **Grupo Malwee,** c[2021a]. História. Disponível em: http://grupomalwee.com.br/sobre-o-grupo/#historia. Acesso em: 25 set. 2021.

GRUPO MALWEE. **Relatório de Sustentabilidade 2020.** 2020. Disponível em: http://grupomalwee.com.br/uploads/arquivos/83.pdf. Acesso em: 25 set. 2021.

GRUPO TELLES. **Grupo Telles,** c[2021b]. História. Disponível em: https://www.grupotelles.com/historia. Acesso em: 2 out. 2021.

GUIA CULTURAL DO CENTRO HISTÓRICO DO RIO DE JANEIRO. **Guia Cultural do Centro Histórico do Rio de Janeiro,** c[2021]. Casa Paladino. Disponível em: http://guiaculturalcentro-dorio.com.br/casa-paladino/. Acesso em: 18 ago. 2021.

HEJOASSU. Demonstrações financeiras em 31 de dezembro de 2019 e 2018. **Diário Oficial Empresarial,** São Paulo, 29 abr. 2020. Disponível em: http://diariooficial.imprensaoficial.com.br/doflash/prototipo/2020/Abril/29/empresarial/pdf/pg_0003.pdf. Acesso em: 2 out. 2021.

ÍNDICE BRASILEIRO DE GEOGRAFIA E ESTATÍSTICA — IBGE. 2019.

ÍNDICE BRASILEIRO DE GEOGRAFIA E ESTATÍSTICA — IBGE. **Território brasileiro e povoamento.** 2020. Disponível em: https://brasil500anos.ibge.gov.br/territorio-brasileiro-e-povoamento/espanhois.html. Acesso em: 26 ago. 2021.

INSTITUTO NACIONAL DE DA PROPRIEDADE INDIVIDUAL — INPI. **Pesquisa em Propriedade Industrial — pePI.** [s. d.]. Disponível em: https://busca.inpi.gov.br/pePI/servlet/MarcasServletController?Action=detail&CodPedido=48158. Acesso em: 23 ago. 2021.

INSTITUTO PRESBITERIANO MACKENZIE. **Instituto Presbiteriano Mackenzie,** c[2021]. História do Instituto. Disponível em: https://www.mackenzie.br/instituto/historia-do-instituto. Acesso em: 13 set. 2021.

IODICE, G. As estratégias da Granado para atravessar a turbulência com classe. **Forbes**, 17 out. 2020. Disponível em: https://forbes.com.br/principal/2020/10/as-estrategias-da-granado-para-atravessar-a-turbulencia-com-classe/. Acesso em: 20 set. 2021.

ISTOÉ DINHEIRO. EUA: Bunge reverte prejuízo em lucro líquido de US$831 milhões no 1º trimestre. **IstoÉ Dinheiro**, 4 maio 2021a. Disponível em: https://www.istoedinheiro.com.br/eua-bunge-reverte-prejuizo-em-lucro-liquido-de-us-831-milhoes-no-1o-trimestre/. Acesso em: 21 ago. 2021.

ISTOÉ DINHEIRO. Raia Drogasil tem lucro líquido de R$ 198,492 mi no 4º trimestre, alta de 38,5%. **IstoÉ Dinheiro**, 9 mar. 2021b. Disponível em: https://www.istoedinheiro.com.br/raia-drogasil-tem-lucro-liquido-de-r-198-mi-no-4o-trimestre-alta-de-385/. Acesso em: 25 ago. 2021.

ITALIANISMO. Aleixo Falci e seu legado centenário em Belo Horizonte. **Italianismo**, 11 jul. 2021. Disponível em: https://italianismo.com.br/aleixo-falci-e-seu-legado-centenario-em-belo-horizonte/. Acesso em: 12 ago. 2021.

JORNAL DO COMÉRCIO. Gambrinus ajuda a contar a história de Porto Alegre. **Jornal do Comércio**, 15 out. 2012. Disponível em: https://www.jornaldocomercio.com/site/noticia.php?codn=105924. Acesso em: 7 set. 2021.

JORNAL DO COMÉRCIO. LIVONIUS A mais antiga corretora de seguros do País. **Revista Cobertura**, 13 fev. 2004. Disponível em: http://wwwold.revistacobertura.com.br/lermais_materias.php?cd_materias=19160. Acesso em: 7 set. 2021.

KINOPLEX. **Kinoplex,** c[2021]. Nossa história: 100 anos de magia e emoção. Disponível em: https://www.kinoplex.com.br/centenario/nossa-historia.html. Acesso em: 7 set. 2021.

KLABIN. Klabin apresenta crescimento de 35% no EBTIDA ajustado do segundo trimestre de 2021. **Press Releases Klabin,** 10 ago. 2021. Disponível em: https://klabin.com.br/sala-de-noticias/press-release/klabin-apresenta-crescimento-de-35-no-ebtida-ajustado-do-segundo-trimestre-de-2021/. Acesso em: 23 ago. 2021.

KLABIN. **Klabin,** c[2021]. Nossa essência. Disponível em: https://klabin.com.br/nossa-essencia/memoria-klabin/. Acesso em: 23 ago. 2021.

KPMG. **KPMG,** c[2015]. A KPMG no Brasil. Disponível em: https://www.kpmg.com.br/relatoriodesustentabilidade2014/a-kpmg-no-brasil.html. Acesso em: 7 set. 2021.

KPMG. **Sustentabilidade KPMG no Brasil:** transformação, resiliência, legado. 2020. Disponível em: https://sustentabilidade.kpmg.com.br/html/relatorio/KPMG2020_Completo_PT.pdf. Acesso em: 7 set. 2021.

LAGUARDIA, H. Cedro Cachoeira faz 140 anos. **O Tempo,** 7 ago. 2012. Disponível em: https://www.otempo.com.br/economia/cedro-cachoeira-faz-140-anos-1.271439. Acesso em: 3 ago. 2021.

LEÃO ALIMENTOS E BEBIDAS. **Leão Alimentos e Bebidas,** c[2021]. Nossa história. Disponível em: https://leaoab.com.br/nossahistoria.php. Acesso em: 25 set. 2021.

LEMOS, M. Bar onde Tom Jobim e Vinicius de Moraes se conheceram fecha as portas. **UOL,** 18 nov. 2020. Disponível em: https://economia.uol.com.br/noticias/redacao/2020/11/18/casa-villarino-tom-jobim-vinicius-de-moraes-rio-de-janeiro.htm. Acesso em: 16 ago. 2021.

LIGHT. **Light,** c[2021]. História da Light. Disponível em: http://www.light.com.br/grupo-light/Quem-Somos/historia-da-light. aspx. Acesso em: 25 set. 2021.

LUCENA, F. História da Confeitaria Colombo. **Diário do Rio,** Rio de Janeiro, 2 mar. 2015. Disponível em: https://diariodorio.com/histria-da-confeitaria-colombo/. Acesso em: 11 ago. 2021.

LUSITANA. **Lusitana,** c[2021]. A frota da Lusitana. Disponível em: http://www.lusitana.com.br/frota.htm. Acesso em: 12 ago. 2021.

MATTOS, A. Saraiva sofre revés em seu plano de recuperação judicial. Entenda o que pode acontecer. **Valor Econômico,** São Paulo, 21 set. 2021. Disponível em: https://valor.globo.com/empresas/noticia/2021/09/21/saraiva-sofre-reves-em-seu-plano-recuperacao-judicial-entenda-o-que-pode-acontecer.ghtml. Acesso em: 9 out. 2021.

MELHORAMENTOS. **Melhoramentos,** c[2021]. História. Disponível em: http://www.melhoramentos.com.br/v2/historia/. Acesso em: 27 ago. 2021.

MENDONÇA, A. V. Três mil bares e restaurantes do Rio não vão conseguir ficar abertos até o fim do ano, estima sindicato. **G1,** 15 jul. 2020. Disponível em: https://g1.globo.com/rj/rio-de-janeiro/noticia/2020/07/15/tres-mil-bares-e-restaurantes-do-rio-nao-vao-conseguir-ficar-abertos-ate-o-fim-do-ano-diz-sindicato.ghtml. Acesso em: 16 ago. 2021.

MOSSOROENSE, O. O Mossoroense: especial 140 anos. **O Mossoroense,** 17 out. 2012. Disponível em: http://p.download.uol.com.

br/omossoroense/mudanca/pics/pdf/Capa-Especial.pdf. Acesso em: 30 set. 2021.

MUNDIAL S.A. **Mundial S.A.**, c[2021]. Linha do tempo. Disponível em: http://mundial-sa.com.br/#/sobre-a-mundial/historia. Acesso em: 25 set. 2021.

NADIR FIGUEIREDO. **Nadir Figueiredo**, c[2021]. Há mais de um século, presente nos melhores momentos do seu dia. Disponível em: https://nadirfigueiredo.com.br/institucional/. Acesso em: 25 set. 2021.

NASCIMENTO, D. Biscoitos Bela Vista. **São Paulo Antiga**, 4 maio 2015. Disponível em: https://saopauloantiga.com.br/biscoitos--bela-vista/. Acesso em: 11 ago. 2021.

NEUGEBAUER. **Neugebauer**, c[2021]. A marca. Disponível em: https://www.neugebauer.com.br/pt/a-marca. Acesso em: 29 set. 2021.

NICOCELI, A. Forbes Radar: Braskem, ABC Brasil, JHSF, Cia Hering e outros destaques corporativos. **Forbes**, 6 ago. 2021. Disponível em: https://forbes.com.br/forbes-money/2021/08/forbes-radar-braskem-abc-brasil-jhsf-cia-hering-e-outros-destaques-corporativos/. Acesso em: 26 ago. 2021.

OLINA. **Olina**, c[2019]. História. Disponível em: https://www.olina.com.br/historia. Acesso em: 22 set. 2021.

ÓPTICA FOERGNES. **Óptica Foernges**, c[2021]. Livro celebra os 120 anos da Foernges. Disponível em: http://www.opticafoernges.com.br/livro-celebra-os-120-anos-da-foernges/. Acesso em: 7 set. 2021.

PADARIA ITALIANINHA. **Padaria Italianinha,** c[2021]. História. Disponível em: https://www.padariaitalianinha.com.br/website?a=Pagina&i=1. Acesso em: 25 set. 2021.

PORTAL DA CIDADE BRUSQUE. Gracher: pioneiros e grandes protagonistas na história de Brusque. **Portal da Cidade Brusque,** 1 ago. 2018 https://brusque.portaldacidade.com/noticias/cidade/gracher-pioneiros-e-grandes-protagonistas-na-historia-de-brusque-1. Acesso em: 12 ago. 2021.

PRADO, M. BAT Brasil (ex-Souza Cruz) cresce em 2020, mas quer mudança para cigarro no país. **CNN Brasil,** 14 jan. 2021. Disponível em: https://www.cnnbrasil.com.br/business/agora-bat--brasil-souza-cruz-cresce-em-2020-mas-ve-problemas-no-pais/. Acesso em: 9 out. 2021.

PREVISUL. **Previsul,** c[2021]. Sobre a Previsul. Disponível em: https://www.previsul.com.br/a-previsul. Acesso em: 4 out. 2021.

QUEIJOS REGINA. **Regina,** c[2021]. Disponível em: http://www.regina.com.br/empresa/histori/. Acesso em: 6 out. 2021.

REFRIGERANTES PUREZA. **Refrigerantes Pureza,** c[2021]. Memória. Disponível em: https://refrigerantespureza.com.br/#about. Acesso em: 25 set. 2021.

ROSSI. **Rossi,** c[2021]. Quem somos. Disponível em: http://www.rossi.com.br/site/empresa.php?cod=21269. Acesso em: 2 ago. 2021.

ROTERMUND. **Rotermund,** c[2021]. História. Disponível em: http://www.rotermund.com.br/empresa. Acesso em: 7 out. 2021.

SALTON. Vinícola Salton completa 110 anos e coloca o Brasil na rota mundial de espumantes. **Valor Econômico,** 25 ago. 2020.

Disponível em: https://valor.globo.com/patrocinado/salton/noticia/2020/08/25/vinicola-salton-completa-110-anos-e-coloca-o--brasil-na-rota-mundial-de-espumantes.ghtml. Acesso em: 2 out. 2021.

SÃO DOMINGOS. **São Domingos**, c[2021]. Tradição italiana, inovação centenária. Disponível em: https://www.paoitalianosaodomingos.com.br/. Acesso em: 25 set. 2021.

SARAIVA. **Saraiva**, c[2021]. Histórico. Disponível em: http://www.saraivari.com.br/conteudo_pt.asp?idioma=0&conta=28&tipo=49680. Acesso em: 9 out. 2021.

SELMI. **Relatório de responsabilidade ambiental 2019**. Disponível em: https://selmi.com.br/relatorio-sustentabilidade-novo.pdf. Acesso em: 2 out. 2021.

SELMI. **Selmi,** c[2021]. Selmi: mais de 130 anos de tradição e inovação. Disponível em: https://pt-br.selmi.com.br/nossa-historia. Acesso em: 2 out. 2021.

SIEMENS. **Relatório institucional e de sustentabilidade 2020-2021.** 2020. In: Siemens. Disponível em: https://assets.new.siemens.com/siemens/assets/api/uuid:d4bc107b-ea82-45c2-9ce0-aa4a-c7fb5373/relatorio-anual-2020-2021-pt.pdf. Acesso em: 2 out. 2021.

SIEMENS. **Siemens,** c[2021]. 1847–1865: Company founding and initial expansion. Disponível em: https://new.siemens.com/global/en/company/about/history/company/1847-1865.html. Acesso em: 2 out. 2021.

SMETAL. Justiça homologa o plano de recuperação do Grupo Bardella. **SMetal,** 26 maio 2021. Disponível em: https://www.

smetal.org.br/imprensa/justica-homologa-o-plano-de-recupera-cao-do-grupo-bardella/20210526-150831-g898. Acesso em: 12 ago. 2021.

SODIMAC. **Sodimac,** c[2021]. História. Disponível em: https://www.sodimac.com.br/sodimac-br/content/a350005/nossa-histo-ria/. Acesso em: 2 set. 2021.

SULAMÉRICA. DFP — demonstrações financeiras padronizadas. **Sul América:** Rio de Janeiro, 31 dez. 2020. Disponível em: https://api.mziq.com/mzfilemanager/v2/d/e8c6cbd2-1c84-422b-ae5f--a166e084bf7e/46629328-b2dc-da5c-07c6-2dbf15ca79a4?ori-gin=1. Acesso em: 4 out. 2021.

SULAMÉRICA. **SulAmérica,** c[2021]. Relatório anual 2020. Dis-ponível em: https://relatorioanual2020.sulamerica.com.br/hml/index.html. Acesso em: 4 out. 2021.

TECIDOS SANTANENSE. **Tecidos Santanense,** c[2021]. História. Disponível em: https://www.santanense.com.br/historia/. Acesso em: 9 out. 2021.

THÁ ENGENHARIA. **Thá Engenharia,** c[2021]. Nossa história. Disponível em: http://thaengenharia.com.br/site/nossa-historia/. Acesso em: 14 set. 2021.

TRAMONTINA. **Tramontina,** c[2021]. Nossas fábricas. Disponí-vel em: https://www.tramontina.com.br/sobre/nossas-fabricas. Acesso em: 2 out. 2021.

TREVISAN ALIMENTOS. **Trevisan Alimentos,** c[2021]. Diretri-zes organizacionais. Disponível em: https://trevisanalimentos.com.br/quem-somos/. Acesso em: 2 out. 2021.

TUA RÁDIO. **Tua Rádio**, c[2021]. Perfil. Disponível em: https://www.tuaradio.com.br/mais/perfil. Acesso em: 2 set. 2021.

USINA UNIÃO. **Usina União**, c[2021]. Etanol. Disponível em: https://uui.com.br/#etanol. Acesso em: 02 out. 2021.

VENTURA, L. Casa Cavé, a doceria mais antiga do Rio, completa 161 anos nesta sexta-feira. **Diário do Rio**, Rio de Janeiro, 3 mar. 2021. Disponível em: https://diariodorio.com/casa-cave-a-doceria-mais-antiga-do-rio-completa-161-anos-nesta-sexta-feira/. Acesso em: 12 ago. 2021.

VIEIRA, S. O doce desafio da Mondelez. **IstoÉ Dinheiro**, 12 fev. 2021. Disponível em: https://www.istoedinheiro.com.br/o-doce-desafio-da-mondelez/. Acesso em: 7 set. 2021.

VIGOR ALIMENTOS. **Vigor Alimentos**, c[2021]. Nossa história. em: https://vigoralimentos.com.br/nossa-historia. Acesso em: 2 out. 2021.

VILLEMOR AMARAL. **Villemor Amaral**, c[2021]. História. Disponível em: https://www.villemor.com.br/historia. Acesso em: 25 set. 2021.

VOTORANTIM. **Apresentação institucional 1T21**. 2021. Disponível em: https://api.mziq.com/mzfilemanager/v2/d/8b9699e2-23e-0-419e-9df2-0c87f04b3208/954e57e9-d8b4-2b71-09dc-3dc86a-d1143b?origin=2. Acesso em: 2 out. 2021.

VOTORANTIM. **Votorantim**, c[2021]. Linha do tempo. Disponível em: http://memoriavotorantim.com/linha-do-tempo/. Acesso em: 2 out. 2021.

WILSON SONS. **Relatório anual integrado 2020**. 2020. In: Wilson Sons. Disponível em: https://ri.wilsonsons.com.br/wp-content/

uploads/sites/50/2021/04/Relatorio-Anual-Integrado-2020-1. pdf. Acesso em: 2 out. 2021.

WILSON SONS. **Wilson Sons,** c[2021a]. Práticas de governança. Disponível em: https://ri.wilsonsons.com.br/governanca-corpo-rativa/praticas-de-governanca/. Acesso em: 2 out. 2021.

WILSON SONS. **Wilson Sons,** c[2021b]. Relações com investidores. Disponível em: https://ri.wilsonsons.com.br/. Acesso em: 2 out. 2021.

YOSHIDA, E. Tramontina, que resistiu a crises e guerras, traz o nome da família em tudo o que produz. **Folha de S. Paulo,** 27 abr. 2021. Disponível em: https://www1.folha.uol.com.br/mer-cado/2021/04/tramontina-que-resistiu-a-crises-e-guerras-traz--o-nome-da-familia-em-tudo-o-que-produz.shtml. Acesso em: 2 out. 2021.

Índice